Daniel N. Stern
Tagebuch eines Babys

Daniel N. Stern

*Tagebuch eines Babys*

Was ein Kind sieht, spürt, fühlt und denkt

Aus dem Amerikanischen von
Gabriele Erb

Piper
München Zürich

Die Originalausgabe erschien unter dem Titel
»Diary of a Baby« 1990 by Basic Books, New York.
Redaktion der deutschen Ausgabe:
Ingrid Veblé-Weigel

ISBN 3-492-02921-3
3. Auflage, 15.–20. Tausend 1991
© 1990 by Daniel N. Stern, M. D.
Alle Rechte der deutschen Ausgabe:
© R. Piper GmbH & Co. KG, München 1991
Gesetzt aus der Garamond-Antiqua
Gesamtherstellung: Clausen & Bosse, Leck
Printed in Germany

*Meiner Frau Nadia*

# Inhalt

Einführung: Die Entfaltung der Wirklichkeit
im Leben eines Kindes 9

Kapitel I: *Die Welt der Gefühle*
Joey im Alter von sechs Wochen 21
1. Ein Sonnenstrahl – 7.05 Uhr morgens 24
2. Klingender Raum – 7.07 Uhr morgens 30
3. Ein Hungersturm – 7.20 Uhr morgens 38
4. Der Hungersturm verebbt – 7.25 Uhr morgens 42

Kapitel II: *Die Welt der direkten Kontakte*
Joey im Alter von viereinhalb Monaten 51
5. Wortlose Zwiesprache – 9.30 Uhr morgens 62
6. Raumzeitströme – Mittag 78

Kapitel III: *Die Welt der Gedanken*
Joey im Alter von zwölf Monaten 89
7. Auf großer Fahrt – 10.30 Uhr morgens 97
8. Ein gemeinsames Gefühl – 11.50 Uhr morgens 108

Kapitel IV: *Die Welt der Wörter*
Joey im Alter von zwanzig Monaten 117
9. »Strolch« – 7.05 Uhr morgens 121
10. Welten prallen aufeinander – 7.21 Uhr morgens 127

Kapitel V:  *Die Welt der Geschichten*
Joey mit vier Jahren                               135
11.  Parallele Wirklichkeiten – 8.00 Uhr
und 9.00 Uhr morgens                          143


Ausgewählte Bibliographie                         163

Danksagung                                         171

# Einführung
## Die Entfaltung der Wirklichkeit
## im Leben eines Kindes

Dieses Buch ist das persönliche Tagebuch eines Kindes, das Joey heißt. Ich habe es erfunden, weil ich Antworten auf Fragen finden wollte, die wir uns alle über das Innenleben des Kleinkindes stellen. Was – meinen Sie – geht beispielsweise in Ihrem Kind vor, wenn es Ihnen unverwandt ins Gesicht blickt, oder wenn es die Stäbe seines Kinderbettchens oder gar etwas so Simples wie einen Sonnenstrahl an der Wand betrachtet? Was empfindet es, wenn es hungrig oder traurig ist oder gestillt wird, oder wenn Sie gerade ganz nah mit ihm schmusen? Wie ergeht es ihm, wenn es von Ihnen getrennt ist?

Seit mehr als zwanzig Jahren beschäftige ich mich mit solchen Fragen und versuche Antworten zu entwickeln. Dabei habe ich viel Zeit mit Kleinkindern verbracht: als Vater von fünf Kindern ebenso wie als Kinderpsychiater, wenn ich Kinder im Hinblick auf die Beziehung zu ihren Eltern therapiere. Als Entwicklungspsychologe habe ich darüber hinaus Kinder beobachtet und empirisch untersucht.

Anfangs glaubte ich, daß man das kindliche Erleben durch einen rein intellektuellen Ansatz erforschen könnte. Ganz allmählich wurde mir jedoch bewußt, daß mein Interesse an diesem Thema nicht auf Neugier beruhte. Es waren die Anfänge, denen ich auf die Spur kommen wollte, weil sie mich zum eigentlichen, zum innersten Wesen der menschlichen Natur führen sollten: Schließlich sind wir alle einmal Kinder gewesen. Jeder von uns hat ganz bestimmte Vorstellungen von bestimmten Babys und von dem, was frühe Kindheit eigentlich bedeutet. Niemand ist deshalb davor gefeit, einem Säugling, mit dem er zufällig zusammentrifft, den er versorgt oder wissenschaftlich beobachtet, bestimmte Gedanken, Gefühle oder Wünsche zuzuschreiben. Ja, in Gegenwart eines solchen Winzlings sind wir geradezu zwanghaft bemüht, das Innenleben speziell dieses Kindes zu erfinden.

Wie stark wir von diesem Drang beherrscht werden, wurde mir klar, als ich Eltern im Umgang mit ihren Kindern beobachtete. Ich belauschte ihre ganz alltäglichen Plaudereien, das, was wir alle ohne zu überlegen zu Babys sagen. »Aha« – sagen sie dann etwa – »das gefällt dir, nicht wahr?« Oder (in sehr überzeugtem Ton): »So, das Grüne magst du also nicht?« Oder gar: »Ich weiß ja, daß du es eilig hast, mein Kleiner. Ich beeile mich ja schon!« Oder (mitfühlend): »Jetzt ist alles wieder gut, ja?« Mit Hilfe solcher Interpretationen wissen Eltern, wie sie sich weiter verhalten und was sie fühlen und denken sollen. Man könnte sogar sagen, daß die gesamte Elternrolle mehr oder weniger von solchen Deutungen abhängt. Auch Forschung und klinische Praxis und die ganze spätere Entwicklung des Kindes hängen von solchen Deutungsmustern ab.

Eltern brauchen und möchten meist mehr Hinweise darauf, was sich in bestimmten Augenblicken im Kopf ihres Kindes abspielt. Beispielsweise dann, wenn es hungrig ist, wenn es wie gebannt auf einen Punkt in der Ferne starrt oder beim Spielen plötzlich wie aus heiterem Himmel in helle Aufregung gerät. In solchen Momenten versuchen Eltern manchmal, in die Haut ihres Kindes zu schlüpfen oder seine Gedanken zu lesen und tun so, als wüßten sie dort bestens Bescheid. Können sie das, was ihr Kind gerade bewegt, nicht entschlüsseln, stellen sie meist so gut es geht Vermutungen an. Solche Mutmaßungen sind jedoch immer auch davon geprägt, wie sie selbst die Welt erleben. Wenn Sie beispielsweise aus dem Weinen Ihres Kindes Wut heraushören, reagieren Sie höchstwahrscheinlich ebenfalls wütend oder fühlen sich sogar irgendwie schuldig. Meinen Sie dagegen, daß ihm etwas weh tut, werden Sie eher einfühlsam reagieren und es auch unmittelbar zum Ausdruck bringen. Wie Eltern auf ihr Kind reagieren, hängt stark davon ab, wie sie selbst als Kind behandelt wurden, und wie ihre eigenen Eltern ihre Gefühle und ihr Verhalten ausgelegt haben.

Normalerweise sind solche Interpretationen nicht nur notwendig, sondern auch positiv und hilfreich. Wer einen anderen liebt, möchte ja auch dessen innere Erlebniswelt teilen und wissen, wie es in ihm aussieht. Genau in diesem zwischenmenschlichen Bereich entsteht die Fähigkeit zu vertrauensvoller Nähe und Mitgefühl. Daß der Erwachsene sich in die kindlichen Gefühle hineinversetzen kann, ist für beide immens wichtig. Stellen Sie sich vor, Ihr Kind bricht in Tränen aus, oder es betrachtet Ihre Nase und lächelt. Was tun Sie wohl in diesem Augenblick? Sicherlich erschließen Sie die Gefühle, Wünsche und Beweggründe Ihres Kindes aus seinem Verhalten und aus dem, was sich gerade zwischen Ihnen beiden abgespielt hat. Ausgelöst durch die innere Auseinandersetzung mit dem Verhalten Ihres Kindes entsteht in Ihrer Phantasie plötzlich eine Deutung dessen, was vorgeht. Diese Interpretation sagt Ihnen, was Sie als nächstes zu tun haben, aber sie hilft auch Ihrem Kind dabei, mit seinen eigenen Erfahrungen umzugehen. Denn noch weiß es nicht genau, was es fühlt, wo das Gefühl lokalisiert ist, was ihm guttut oder was ihm Unbehagen bereitet. Seine Gefühle, Bedürfnisse und Motive sind noch relativ diffus. Erst Ihre Deutung hilft ihm daher bei der Klärung und Strukturierung seiner Welt.

Mangels anderer Möglichkeiten sammeln Eltern deshalb meist ihre eigenen Vorstellungen von dem, was in ihrem Kind vorgeht, und stellen so eine fortlaufende Biographie zusammen, in der sie bei Bedarf immer wieder ratsuchend nachschlagen können. So entsteht ein Gerüst, eine Art Nachschlagewerk dafür, wie die Eltern ihr Kind erleben, aber auch für die Eigenwahrnehmung des Kindes, die es sein Leben lang begleiten wird.

In meiner klinischen Praxis erlebe ich immer wieder verblüfft, wie mächtig der Einfluß solcher elterlicher Konstrukte auf das Kind ist. Mindestens ebenso stark ist allerdings auch das Bedürfnis von Eltern, ihrem Kind eine bestimmte innere Erlebniswelt anzudichten. Gerade die folgenreichsten solcher Aussagen weisen nur entfernte Bezüge auf: »Er ist wie sein Großvater«, heißt es da beispielsweise, »der war auch so stark und besonnen.« Oder: »Sie gleicht aufs Haar meiner verstorbenen Mutter.« Oder gar: »Er wird einmal reich und berühmt sein und unsere Familie bekannt machen.« Mitunter beziehen sich solche »Kernsätze« auch auf die jungen Eltern selbst; dann heißt es etwa: »Sie ist so quirlig und aufgeschlossen, ganz anders als ich.« Oder: »Hoffentlich wird sie nicht so ein Angsthase wie ich.« Und: »Den Charme hat er von seinem Vater.« Solche Aussagen, in denen sich tiefe Wünsche, Ängste und Erwartungen widerspiegeln, entstammen meist den Erfahrungen der Eltern in ihrer Vergangenheit und Gegenwart. Wir alle neigen zu solchen Verallgemeinerungen; seelische Probleme lösen sie erst dann aus, wenn die elterlichen Vorstellungen von der Persönlichkeit ihres Kindes mit dessen eigenen Wahrnehmungen nicht vereinbar sind.

Auch die Familien selbst tragen zum Aufbau persönlicher Erfahrungen bei. Die meisten Babys bleiben in ihrer Ursprungsfamilie, und jede Familie besitzt einen eigenen Code für die Deutung und Bewertung persönlicher Erfahrungen. Während die eine Familie Wut und Zorn als schlimm bewertet, gelten sie in einer zweiten als durchaus annehmbar, vielleicht sogar positiv. In einer dritten Familie dagegen dürfen solche Gefühle nicht einmal existieren. Ärger und Wut werden nicht als Erlebnisweisen anerkannt. Das Kleinkind lernt diese Regeln unter anderem dann kennen, wenn seine eigenen Erlebnisse zu Hause auf eine ganz bestimmte Weise interpretiert werden. So wird das innerste Erleben jedes Kindes unterschiedlich geprägt.

Aber nicht nur in der Familie, auch in der Gesellschaft existieren ganz bestimmte Vorstellungen, die innerhalb von Schulen und anderen Institutionen das Verhalten der Menschen prägen. Wissenschaftliche Theorien zur Entwicklung der menschlichen Psyche – beispielsweise jene von Freud, Margaret Mahler oder Erik Erikson – haben meist ihren Ursprung in solchen verborgenen, beziehungsweise unausgesprochenen Phantasien über das kindliche Erleben. Das gleiche gilt auch für die Entwicklungspsychologie. Sehr oft sind unsere experimentellen und empirischen Studien implizit durch unser Mutmaßungen über das Innenleben eines Kindes bestimmt.

Das erklärt, warum Eltern, Psychologen und alle, die mit Kindern zu tun haben, eine Art Biographie des Kindes erstellen. Mit diesem fiktiven Tagebuch eines Kindes namens Joey gehe ich noch einen Schritt weiter und entwerfe eine Art Autobiographie. Sie soll jedoch nicht nur allen Eltern Aufschluß über das Innenleben ihres Kindes geben. Zugleich verstehe ich sie auch als Strategie, da sie neue Hypothesen zu Wahrnehmung, Gefühl und Gedächtnis des Kindes eröffnet und den Schlüssel dazu liefern kann, wie das Kind selbst seine Entwicklung und seine Vergangenheit erlebt.

Ich muß jedoch hinzufügen, daß diese Autobiographie keinesfalls einheitlich ist, sondern allenfalls eine Legierung aus Spekulationen, Phantasien und Fakten, welche unserem derzeitigen Wissen über die frühe Kindheit entstammen. In den vergangenen Jahrzehnten sind wir durch die systematische Beobachtung von Kindern zu bahnbrechenden Erkenntnissen gelangt! Über die beiden ersten Lebensjahre liegt uns heute sogar mehr Beobachtungsmaterial vor, als über jede andere Lebensphase.

Die wissenschaftliche Entwicklung erreichte einen Wendepunkt, als wir den Babys Fragen zu stellen begannen, die sie tatsächlich beantworten konnten. Hatte man erst die Antwortmöglichkeiten erkannt, konnte man die passenden Fragestellungen entwickeln. Eine mögliche Antwortreaktion besteht beispielsweise darin, daß das Kind seinen Kopf zur Seite dreht oder eine Willkürbewegung macht, wozu schließlich sogar ein neugeborener Säugling in der Lage ist. Eine dazu passende Frage konnte dann beispielsweise lauten, ob ein zwei Tage alter Säugling seine Mutter an ihrem Geruch erkennt. Die entsprechende Antwort wurde wie folgt verknüpft: Man legt neben einen erst wenige Tage alten Säugling eine Stilleinlage auf das Kopfkissen. Diese – von seiner Mutter stammende – milchdurchtränkte Stilleinlage wird rechts neben sein Köpfchen gelegt. Eine zweite, von einer fremden Frau stammende Stilleinlage wird parallel auf die linke Seite gelegt. Im Experiment wendet das Kind nun seinen Kopf eindeutig nach rechts. Werden die beiden Einlagen vertauscht, wendet es den Kopf nach links. Es erkennt demnach also nicht nur den mütterlichen Geruch, sondern bevorzugt ihn auch vor dem anderen. So beantwortet es die gestellte Frage mit einem Drehen des Kopfes.

Auch das Saugen ist eine potentiell geeignete Antwortreaktion. Säuglinge sind ja in der Tat perfekt im Saugen. Sie saugen immer nur in kurzen Schüben, halten für einen Augenblick inne und beginnen dann erneut. Dabei bestimmen sie selbst die Dauer des Saugens und der Pausen. Um nun eine Frage zu beantworten wie: »Was betrachten Babys am liebsten?« können wir dem Säugling einen Schnuller mit elektronischer Rückkopplung geben, der mit einem Diaprojektor so verbunden ist, daß das Kind die dazugehörigen Bilder sehen kann. Bereits im Alter von drei Monaten lernt ein Säugling dabei sehr rasch, daß er nur an seinem Schnuller zu saugen braucht, wenn er ein neues Bild sehen will. Möchte er dagegen das Bild längere Zeit betrachten, so hält er mit dem Saugen inne. Dabei zeigt sich, daß das Kind die Dias so lange stehen läßt, wie es seinem Interesse für die einzelnen Bilder entspricht. Verwendet man bei einem solchen Experiment genügend anschauliches Bildmaterial, so lassen sich ohne weiteres die visuellen Vorlieben des Säuglings herausfinden und katalogisieren.

Eine andere Möglichkeit besteht darin, den Schnuller mit zwei Kassettenrecordern zu koppeln. Eines der Geräte enthält dabei eine Kassette mit der Stimme der Mutter, das andere eine Aufnahme mit der Stimme einer fremden Frau. Beide Stimmen sprechen den gleichen Text. Bei diesem Test saugt das Kind möglichst lange, um die Stimme seiner Mutter zu hören, und beantwortet damit die Frage, ob es seine Mutter an der Stimme erkennt. Auf unsere tausend Fragen an den Säugling sind noch weitere Antworten denkbar: Blicke, Augenbewegungen, Herzrate, Strampelbewegungen und viele andere Reaktionen, die inzwischen von der Forschung untersucht werden.

Auch die Videotechnik hat uns unschätzbare neue Einblicke verschafft, indem sie uns immer präzisere Beobachtungen von Interaktionen zwischen Eltern und Kindern ermöglicht. Wir können heute einzelne Einstellungen anhalten oder eine bestimme Körperbewegung oder einen Gesichtsausdruck mehrmals wiederholen und seine exakte Dauer messen. Als Werkzeug zur Erforschung des menschlichen Verhaltens, vor allem im nonverbalen Bereich, hat sich die Videokamera bisher als ähnlich nützlich erwiesen wie das Mikroskop für die Sichtbarmachung von bis dahin verborgenen Organismen.

Soweit als möglich basiert Joeys Tagebuch auf den neuesten wissenschaftlichen Kenntnissen der frühen Kindheit. Einiges entstammt meiner eigenen Forschungsarbeit, das meiste kommt jedoch von Wissenschaftlern aus der ganzen Welt. Für die diesem Buch angefügte Bibliographie habe ich nur die wichtigsten Titel ausgewählt. Den in ihnen enthaltenen Forschungsergebnissen verdankt dieses Buch seine Entstehung.

In seiner Struktur gleicht dieses Tagebuch der Entwicklung eines Kleinkindes, die sich stets in unregelmäßigen Sprüngen vollzieht, welche das Kind in eine immer vielschichtiger werdende Erfahrungswelt hineintragen. Um zu zeigen, wie Joey die Entfaltung seiner sich immer komplexer gestaltenden Welten erfährt, lasse ich ihn seine Fortschritte anhand von fünf aufeinander folgenden Erlebnissen skizzieren. Sie reichen von seiner frühesten Säuglingszeit bis zum entscheidenden Entwicklungsschritt im vierten Lebensjahr, der ihn in die Lage versetzt, seine Geschichte von nun an selbst zu erzählen. Zu Beginn, im Alter von sechs Wochen, befindet sich Joey noch in der ersten seiner Welten. Diese Welt ist die der »Gefühle«, in der seine Eindrücke und Erfahrungen noch ganz in seiner jeweiligen inneren Gestimmtheit verankert sind. Hier geht es ihm nicht darum, wie oder warum etwas geschieht, nicht um Fakten oder Objekte. Statt dessen geht es hier um die noch rohe, unmittelbare Realität seiner eigenen, ganz persönlichen Gefühle. Im Alter von vier Monaten betritt er dann die Welt der direkten Kontakte mit Menschen, in der nur das »Hier und Jetzt zwischen dir und mir« Gültigkeit hat. Joey erzählt von den nuancenreichen Zwiegesprächen zwischen ihm und seiner Mutter und von den subtilen Bewegungen, mit deren Hilfe sie das Hin- und Herfließen ihrer Gefühle aufeinander abstimmen. Damit läßt uns Joey einen Blick auf das fundamentale Zusammenspiel mit anderen werfen, das uns unser Leben lang begleitet.

Mit zwölf Monaten entdeckt Joey sein Denkvermögen und bemerkt, daß auch andere Menschen eines besitzen. In dieser Welt der Gedanken wird er sich innerer mentaler Vorgänge wie seiner Wünsche und Absichten bewußt. Er findet heraus, daß die Gedankenlandschaft eines Menschen mit der eines anderen etwas gemeinsam haben kann und daß zwei verschiedene Personen das gleiche denken und wollen können, oder aber auch nicht. Joey erkennt an diesem Punkt seiner Entwicklung, daß seine Mutter nicht nur weiß, daß er einen Keks von ihr haben möchte, sondern daß ihr auch klar ist, daß er dies von ihr weiß.

Mit zwanzig Monaten, also über ein halbes Jahr später, nimmt uns Joey mit in die Welt der Wörter, in der Positives und Negatives häufig seltsame Verbindungen eingehen. Hier entdeckt er, daß symbolische Laute ihm nicht nur auf der einen Seite neue Ebenen der Phantasie und Kommunikation eröffnen, sondern daß sie zur gleichen Zeit den Untergang seiner liebgewordenen vorsprachlichen Welt einleiten.

Zuguterletzt macht Joey einen riesigen Sprung ins vierte Lebensjahr und ist jetzt in der Lage, endlich seine Geschichte selbst zu erzählen. Nun gelingt es ihm bereits, über seine Erfahrungen nachzudenken und ihren Sinn zu erfassen, so daß er sie als selbst erdachte autobiographische Geschichte einem anderen erzählen kann. Damit betritt Joey die Welt der »Geschichten«.

In diesem Tagebuch durchlebt Joey eine Vielzahl von Alltagssituationen und -ereignissen, welche alle Eltern zweifellos auf Anhieb wiedererkennen. Manche dieser Situationen sind zufällig und belanglos, beispielsweise wenn Joey die Gitterstäbe seines Kinderbettchens betrachtet. Andere, wie zum Beispiel Hungergefühle, sind einschneidende Erfahrungen. Die kleinen Ausschnitte des Erlebten in jeder Altersstufe zeigen bereits, wie erschütternd und folgenschwer die alltäglichen ebenso wie die außergewöhnlichen Erfahrungen für das Kind sind. Jeder einzelne dieser winzigen Erfahrungsausschnitte ist reich an Bedeutungen – wie die ganze Welt in einem einzigen Sandkorn!

Üblicherweise enthalten Tagebücher Aufzeichnungen von vergangenen Ereignissen. In Joeys Tagebuch ist das anders – alles ereignet sich in der Gegenwart. Genauso unmittelbar wie er sie erlebt, fließen seine Erfahrungen in das Tagebuch ein, ohne daß zuvor ein ordnender Eingriff erfolgt wäre, um diese »Gegenwart« entsprechend festzuhalten, wie dies ein Erwachsener tun würde. Die Situationen in Joeys Tagebuch sind wie im Film festgehaltene Träume.

Natürlich verfügen Säuglinge nicht über eine eigene Sprache. Weder sind sie in der Lage zu schreiben, noch können sie sprechen oder auch nur in Worten denken. Deshalb habe ich Joeys Sprache erfunden. Um das Wesentliche seiner vorsprachlichen Erlebnisse einzufangen, habe ich zahlreiche Begriffe entlehnt, die aus den verschiedenen »Welten« der Klänge, der Bilder, des Wetters, des Raums und der Bewegung stammen. Die Tagebuch-Eintragungen werden um so detaillierter, je differenzierter Joey mit fortschreitendem Alter seine Erlebnisse wahrnimmt. Und je mehr sich sein Gedächtnis ausbildet, desto länger und inhaltsreicher werden die Schilderungen.

Zwar mußte ich, um Joey eine eigene Stimme zu geben, auf das Medium der Sprache zurückgreifen, jedoch habe ich versucht, dabei seine Wahrnehmung der Welt widerzuspiegeln. Beispielsweise verwendet er im Alter von sechs Wochen noch keine Personalpronomen wie »ich«, »wir« oder »ihr«, weil er noch nicht zwischen sich und seiner Mutter oder einem anderen Betreuer unterscheiden kann. Ebenso erscheinen Zeitwörter wie »dann« oder »danach« erst dann im Text, wenn Joey einen gewissen Zeitbegriff entwickelt hat. Auch Konjunktionen wie »weil« kommen nicht vor, solange Joey noch kein Verständnis für kausale Zusammenhänge erworben hat.

Jedes Kapitel dieses Buches beschäftigt sich mit einer der nacheinander entstehenden »Welten« im Leben eines Babys. Der Welt der Gefühle folgt die direkte Kontaktwelt. Danach entsteht die Welt der Gedanken, der wiederum die Welt der Wörter und schließlich die Welt der Geschichten folgt. Am Beginn jedes Kapitels beschreibe ich die von Joey im jeweiligen Altersabschnitt frisch erworbenen Fertigkeiten, die zugleich sein »Rüstzeug« für die nun zu erobernde neue Erfahrungswelt darstellen. In den verschiedenen Teilen eines jeden Kapitels geht es jeweils thematisch um eine Situation, die sich im Verlauf eines ganz normalen Vormittags ereignet. Diese Situation wird aus drei verschiedenen Blickwinkeln beleuchtet. Zunächst informiert eine Situationsbeschreibung über den Kontext des Ereignisses. Danach folgt der Tagebuchbericht in der Sprache, die ich für Joey erdacht habe. Abschließend erläutere ich dann seine Erlebnisse vor dem Hintergrund dessen, was wir heute über die frühe Kindheit wissen.

Teilweise wiederholt sich eine Situation in einer anderen Altersstufe, beispielsweise Joeys Reaktion auf einen Sonnenstrahl einmal im Alter von sechs Wochen und dann noch einmal mit zwanzig Monaten. Durch dieses Vorgehen treten Veränderungen, die sich in seiner Entwicklung zwischen der

Welt der Gefühle und der Welt der Wörter zugetragen haben, besonders klar hervor. Im letzten Kapitel, wo Joey in seinen eigenen Worten spricht, tauchen ebenfalls einige dieser Erlebnisse wieder auf, allerdings haben sie inzwischen einen Transformationsprozeß durchlaufen und sind zu Joeys eigenen Geschichten geworden.

Im Verlauf seiner Entwicklung durchläuft Joey nacheinander jede einzelne seiner Welten, ohne jedoch die vorausgegangenen Welten je völlig hinter sich zu lassen. Eine neue Welt ersetzt niemals diejenigen, die vorausgingen, sondern bereichert und ergänzt sie. Wenn Joey den Zugang zur Welt der direkten Kontakte entdeckt, drängt sie die Welt der Gefühle nicht einfach beiseite oder absorbiert sie, sondern sie ergänzt sie lediglich um ein zusätzliches Element. In der Musik verändert sich die Klangfarbe eines Tons sofort, sobald eine zweite Note hinzutritt, und zwar nur aufgrund dieses anderen Tons. Nach diesem Prinzip ergänzt nicht nur jede neue Welt die früheren, sondern verwandelt sie zugleich.

In all diesen Welten leben wir gleichzeitig. Sie überschneiden sich, verschwinden jedoch niemals ganz. Aus ihrem Zusammenspiel entfaltet sich der ganze Reichtum unmittelbarer Erfahrungen, deren Dynamik am deutlichsten in der Welt der Geschichten zum Tragen kommt. Das Tagebuch eines Kindes ist somit eine Reise durch jene Welten, welche sich früh im Leben eines jeden menschlichen Wesens entfalten und uns das ganze Leben begleiten.

# Kapitel I

## *Die Welt der Gefühle*

### Joey im Alter von sechs Wochen

Kommen Sie nun mit mir in Joeys allererste Welt. Erinnern Sie sich an all das, was Sie niemals wirklich vergessen haben. Stellen Sie sich vor, daß nichts von dem, was Sie sehen, berühren oder hören, einen Namen, eine Funktion oder eine Geschichte besitzt. Joey erlebt Objekte und Ereignisse vor allem als die Gefühle, die sie in ihm wachrufen. Für ihn existieren sie weder als das, was sie an und für sich sind, noch kennt er ihre Funktion oder ihren Namen. Nennen ihn seine Eltern »Schatz«, dann weiß er noch nicht, daß »Schatz« ein Wort ist, und daß es sich zudem auf ihn bezieht. Es fällt ihm nicht einmal auf, daß es ein Klang ist, also etwas ganz anderes als etwa eine Berührung oder ein Lichtschein. Allerdings ist er schon sehr empfänglich für die Art und Weise, wie dieser Klang ihn umfängt. Einmal gleitet er sanft und spielerisch über ihn hinweg und beruhigt ihn; ein anderes Mal ist er voller Spannung, ungestüm und aufwühlend, so daß Joey hellwach wird. Alles, was das Kind erlebt, ist so, es hat seinen besonderen Gefühlston – und bei Erwachsenen ist das genauso. Wir achten nur kaum darauf, weil unser Gefühl des Lebendigseins nicht im gleichen Maße davon bestimmt wird, wie das bei Joey der Fall ist.

Nehmen wir einmal an, uns stünde als einziges Medium das Wetter zur Verfügung. Stühle, Wände, Licht und Menschen wären dann lediglich Requisiten für eine ganz bestimmte Wetteratmosphäre, die nur für einen kurzen Augenblick spürbar wird. Ihre einzigartige Stimmung und Kraft entspringt allein dem besonderen Zusammenwirken von Wind,

Licht und Temperatur. Nehmen wir weiter an, daß der Wind nichts findet, das sich ihm entgegenstellt, weder ein Baum, den er schütteln, noch Feld und Schuppen, auf den er Regen niederprasseln lassen könnte. Und zuguterletzt existieren nicht einmal Sie selbst als Beobachter außerhalb dieser Wetterlandschaft, denn Sie sind Teil von ihr. Die diese Landschaft beherrschende Stimmung und Kraft stammt vielleicht aus Ihrem eigenen Innern und prägt dadurch alle Farben und Formen, die Sie sehen. Möglicherweise tritt die Stimmung aber auch von außen an Sie heran, so daß dieses »Außen« in Ihnen widerhallt. Noch ist die Trennung zwischen Innen und Außen vage, und wird deshalb wahrscheinlich als zwei Elemente eines einzigen kontinuierlichen Raums erlebt. Auch wir Erwachsene kennen Augenblicke, in denen sich Innen- und Außenwelt wechselseitig beeinflussen oder sogar völlig miteinander verschwimmen. So kehrt sich beispielsweise das Innere nach Außen, wenn jemand in Ihrem Beisein etwas Häßliches tut und dieser Mensch Ihnen plötzlich widerlich vorkommt. Umgekehrt gelangt das Außen in Ihr Inneres, wenn sich bei einem Spaziergang an einem unerwartet klaren, sonnigen Morgen Ihre Lebensgeister plötzlich beleben, und Ihr Körper sich unvermittelt leicht und beschwingt anfühlt. Während ein solches teilweises Verschwimmen der Grenze zwischen Innen und Außen bei uns Erwachsenen immer nur von sehr kurzer Dauer ist, ist es bei Kindern praktisch der Normalfall.

Eine menschliche »Wetterlandschaft« ist ein einziger Moment von Gefühlen in Bewegung. Dieser Augenblick ist nicht statisch wie ein Foto. Er dauert vielmehr so lange wie etwa in der Musik ein Akkord, ein paar Takte oder eine Phrase. Seine Dauer reicht vom Bruchteil einer Sekunde bis zu vielen Sekunden. In einem einzigen solcher winzigen Augenblicke verändern sich Joeys Gefühle und Wahrnehmungen und lassen in jedem Moment ein ganz bestimmtes Muster von Gefühlsbewegungen entstehen: als plötzliches Aufflackern von Joeys Interesse, als das An- und Abschwellen der Welle des Hungerschmerzes, das Verebben eines Wohlgefühls. Joey erlebt das Leben als Folge solcher aneinandergereihter Augenblicke.

Die vier Episoden des ersten Kapitels beschreiben solche Augenblicke in Joeys Leben, der zu diesem Zeitpunkt sechs Wochen alt ist. Sie ereignen sich nacheinander an einem einzigen Vormittag. In der ersten Episode betrachtet Joey den Reflex des Sonnenlichts an der Wand (»Ein Sonnenstrahl«). Im nächsten Abschnitt sieht er auf die Gitterstäbe seines Kinderbettchens und auf die dahinterliegende Wand (»Klingender Raum«). Später wird er hungrig und schreit (»Ein Hungersturm«) und wird gestillt (»Der Hungersturm verebbt«). Diese einzelnen Augenblicke sind wie Einstellungen in einem Film. Sie laufen kontinuierlich hintereinander ab oder gehen ganz allmählich ineinander über; manchmal gibt es zwischen den Szenen einen abrupten Schnitt oder sogar eine kurze Unterbrechung durch eine leere Einstellung. Joey weiß nicht, wie er von einem Augenblick zum nächsten gelangt oder was sich in der Zeit dazwischen möglicherweise ereignet. (Ob wir Erwachsenen das immer wissen, sei dahingestellt!) Er erlebt jedoch jeden einzelnen Moment intensiv und mit all seinen Sinnen. Viele dieser Augenblicke sind die Prototypen für immer wiederkehrende Situationen in seinem Leben.

## 1. Ein Sonnenstrahl – 7.05 Uhr morgens

Joey ist gerade aufgewacht. Er blickt unverwandt auf den Reflex eines Sonnenstrahls an der Wand neben seinem Kinderbett.

*Ein Stück Raum leuchtet dort drüben.*
*Ein sanfter Magnet zieht an und hält fest.*
*Der Raum erwärmt sich und wird lebendig.*
*In seinem Innern beginnen Kräfte sich langsam tanzend*
*umeinander zu drehen.*
*Der Tanz kommt näher und näher.*
*Alles steigt auf, ihm zu begegnen.*
*Er kommt immer näher. Aber er kommt nie an.*
*Die Spannung verebbt.*

Für Joey sind fast alle Begegnungen mit der Welt dramatisch und vom Gefühl bestimmt. Elemente und Wesen dieser dramatischen Zusammentreffen sind für uns Erwachsene nicht offensichtlich. Von allen Dingen im Zimmer erregt der Sonnenschein an der Wand Joeys Aufmerksamkeit am meisten und hält ihn in Bann. Die Helligkeit und Intensität faszinieren ihn. Im Alter von sechs Wochen ist seine Sehfähigkeit schon recht gut entwickelt, wenn auch zur Perfektion noch einiges fehlt. Er erkennt bereits verschiedene Farben, Formen und Intensitätsgrade. Von Geburt an hat er starke Vorlieben für bestimmte Dinge, die er ansehen möchte, für Dinge, die ihm gefallen. An erster Stelle steht dabei die Intensität einer Wahrnehmung, sie stellt in dieser Szene das wichtigste Element dar.

Das Nervensystem eines Säuglings ist in der Lage, sofort die Intensität eines Lichts, eines Geräuschs, einer Berührung zu bestimmen, also der Reize, für die seine Sinne bereits ausgebildet sind. Die Intensität seines Gefühls einem Objekt gegenüber ist vermutlich sein erster Anhaltspunkt dafür, ob er darauf zugehen oder sich davon fernhalten soll. Intensität kann ihn dazu bewegen, Schutz zu suchen. Sie kann seine Aufmerksamkeit und Neugier leiten und sein inneres Erregungsniveau bestimmen. Ein schwacher Reiz (z. B. eine bei Tag brennende Lampe) besitzt für ihn nur wenig Anziehungskraft. Ist er zu intensiv (wie direkte Sonneneinstrahlung), meidet er ihn. Ist der Reiz jedoch mäßig intensiv, wie der Reflex des Sonnenlichts an der Wand, ist der Säugling wie verzaubert. Die gerade noch erträgliche Intensität erregt ihn, er reagiert sofort darauf. Die Intensität erhöht seine Lebhaftigkeit und aktiviert sein ganzes Wesen. Seine Aufmerksamkeit ist wacher. Der Sonnenstrahl ist ein »sanfter Magnet«, dessen Anziehungskraft er spürt.

In diesem Alter wird Joey auch von Flächen angezogen, die im Innern eines klar umrissenen Rahmens liegen. Die Ränder des Lichtquadrats fangen seinen Blick da ein, wo die hellen und dunklen Teile der Wand aneinanderstoßen. Man könnte sagen, das Licht zieht ihn an, aber erst die Ränder halten ihn fest.

Wie kann Joey wissen, daß der leuchtende Sonnenfleck sich »dort drüben« befindet? Wie kann er wissen, daß er nicht etwa »gleich hier«, direkt neben ihm ist? In diesem Alter ist Joey immerhin in der Lage, räumliche Entfernungen und Quadranten einzuschätzen. Bald wird er den Raum insgesamt in zwei klar unterschiedene Bereiche einteilen: die nahe Welt innerhalb der Reichweite seines ausgestreckten Arms und die ferne Welt außerhalb dieses Bereichs. Es wird noch einige Monate dauern, bis Joey in der Lage sein wird, präzise nach etwas zu greifen und es zu fassen. Mit sechs Wochen lernt er jedoch bereits zwischen erreichbarem und nicht erreichbarem Raum zu unterscheiden. (Diese Fähigkeit wird ihm später dabei helfen, den wichtigen Akt des Greifens zu lernen, indem er für sich umreißt, was in seiner Reichweite liegt und was nicht. Es wäre nicht sinnvoll, wollte er nach dem Mond greifen oder auch nur nach Dingen in einem anderen Teil des Zimmers.) Für ihn ist Raum nicht kontinuierlich und nahtlos wie für einen Erwachsenen. Es ist, als bilde der Raum eine Kugel um ihn, deren Radius der Länge seiner Arme entspricht. Selbst blinde Babys greifen nach einem tönenden Objekt nur dann, wenn es in diesen Radius eintritt. Sie teilen den Raum in gleicher Weise ein wie sehende Kinder, nur daß sie hierzu statt der Augen ihre Ohren benutzen. Deshalb befindet sich der Sonnenreflex »dort drüben«, nämlich außerhalb Joeys späterer Reichweite.

Warum wird der Lichtfleck für Joey »lebendig« und läßt ihn Kräfte sehen, die sich langsam tanzend umeinanderbewegen? Diese Wirkung ergibt sich durch die Art und Weise, wie Joey den Lichtfleck mit seinen Augen und seiner Aufmerksamkeit erforscht. In diesem Alter blicken Babys häufig Dinge unverwandt an, als würde ihr Blick tatsächlich festgehalten, und sie müßten auf eine Stelle starren. Dabei scheint das Baby geistig aktiv zu sein, so wie Joey in diesem Moment, und nicht etwa in vage Tagträume versunken, wie dies bei einem Erwachsenen der Fall wäre.

Viele Eltern fühlen sich in solchen Momenten herausgefordert oder beunruhigt. Stellen Sie sich vor, Sie halten Ihre sechs Wochen alte Tochter im Arm. Ihre Gesichter sind einander zugewandt. Sie möchten spielen, aber sie starrt gebannt auf die Stelle, an der Ihre Stirn und Ihr Haaransatz zusammentreffen. Sie möchten, daß sie Ihnen in die Augen schaut, und lächeln sie an, um ihren Blick abzulenken. Aber Ihr Lächeln zeigt keinerlei Wirkung. Sie versuchen weiter, ihre Aufmerksamkeit zu erregen, wie das die meisten Eltern tun. Sie schneiden Grimassen oder schaukeln das Kind hin und her in der Hoffnung, daß die Körperbewegung seinen Blick ablenken wird. Das Baby starrt jedoch weiterhin unverwandt auf Ihren Haaransatz. Viele Eltern deuten dieses Abwenden des Blicks als echte Ablehnung und geben vielleicht sogar für dieses Mal den Versuch auf, einen Blickkontakt herzustellen. Es handelt sich aber keineswegs um Ablehnung, sondern um ein völlig normales Phänomen, das man unwillkürliche Aufmerksamkeit nennt.

Gelegentlich werden Sie es auch schaffen, den Blick Ihres Babys abzulenken und einzufangen, oft gelingt dies jedoch nicht. Aber selbst wenn es nicht klappt, selbst wenn das Kind weiter den Blick fest auf Ihren Haaransatz gerichtet hält – den »Rand« zwischen Haaren und Stirn –, werden Sie oft den Eindruck gewinnen, daß es Ihre Bemühungen trotzdem in irgendeiner Form wahrnimmt, und das trifft auch zu. Das Kind betrachtet aufmerksam Ihr Gesicht, aber in der Peripherie. Der springende Punkt ist, daß es sich vollständig auf den Rahmen konzentriert, nicht jedoch auf das Bild darin.

Joey starrt auf die Grenze zwischen dem leuchtenden Viereck und der umgebenden Wand. Daß er nur diesen einen Punkt ansieht, bedeutet allerdings nicht, daß seine Aufmerksamkeit ebenfalls ausschließlich auf diese Stelle gerichtet wäre. Obgleich wir uns dessen meist nicht bewußt sind, können wir spielend unseren *visuellen Fixierpunkt* (das, was unsere Augen ansehen) vom *Fokus unserer Aufmerksamkeit* (dem, worauf unser Geist seine Aufmerksamkeit richtet) trennen. Denken Sie nur daran, was beim Autofahren abläuft. Sie blicken unverwandt auf die Straße vor Ihnen, aber Ihre Aufmerksamkeit kann von der einen zur anderen Seite wandern (zu Objekten am Rand Ihres Blickfeldes), aber auch in die Ferne oder in die Vergangenheit. Oder, besser noch, suchen Sie sich einen Punkt auf einem weißen Blatt Papier und blicken Sie unverwandt darauf. Wenn dieser Punkt nach einer Weile beginnt, langweilig zu werden, wird der Fokus Ihrer Aufmerksamkeit außerhalb des Fixierpunktes und um diesen herum zu wandern beginnen, ohne daß Ihre Augen sich bewegen. Während Ihre Aufmerksamkeit über diesen neuen Gebieten schwebt, scheinen sie sich zu verändern oder sogar zu verschwinden. Farben können sich verschieben: Was durch und durch weiß erschien, bekommt jetzt einen Stich ins Grüne oder Rötliche. Und diese beiden Farben können abwechselnd erscheinen. Auch Licht und Schatten können sich an diesen Stellen verändern, wie das allmähliche Spiel von Licht und Schatten auf einem Hügel, über den Wolken hinwegtreiben. Das ebene Blatt kann in unmittelbarer Umgebung des Fixierpunktes scheinbar seine Form verändern, es kann sich wellen, schmelzen oder Ausbuchtungen bekommen. Derartige optische Täuschungen kommen zustande, wenn unsere fokale Aufmerksamkeit und unser visueller Fixierpunkt auseinanderdriften und sich gegenseitig ausspielen.

Auch Joey wird es bald langweilig werden, immer auf dieselbe Stelle am Rand des Lichtkegels zu schauen. Sein Blick bleibt vermutlich fokal auf diesen einen Punkt gerichtet, während der Fokus seiner Aufmerksamkeit sich anschickt, von diesem Punkt wegzuwandern. Er beginnt mit ihr das Innere des Lichtflecks zu erkunden, das am Rande seines Sehfeldes auftaucht. Sobald er dies jedoch tut, unterliegt er den gleichen optischen Täuschungen wie es bei uns Erwachsenen der Fall wäre. Der Sonnenstrahl wird für ihn »lebendig«, er beginnt sich zu bewegen und sich in Farbe und Gestalt zu verändern. Joey weiß nicht, daß dies nur Streiche sind, die ihm die Sinne spielen und die durch die Spannung zwischen Sehen und Aufmerksamkeit in seinem Geist entstehen. Für ihn ist der lebendig gewordene Sonnenstrahl ein Spiel von Kräften. Er sieht etwas tanzen. Er nimmt eine dynamische Beziehung mit dem Sonnenstrahl auf, und jeder wirkt auf den anderen. Bei Joey laufen alle Wahrnehmungen nach diesem Prinzip ab. Für ihn gibt es ›draußen‹ keine »toten«, unbelebten Dinge, es sind nur immer andere Kräfte am Werk. Läßt Joey sich auf sie ein, wird der Sonnenstrahl lebendig und beginnt langsam im Kreise zu tanzen.

Der Lichtfleck scheint immer wärmer zu werden und immer näher zu kommen infolge des Farbenspiels. In diesem Alter sind Kinder bereits in der Lage, Farben zu sehen. Der Sonnenstrahl wirkt gelblich auf der weißen Wand. Diese

schimmert bläulich, wo der Sonnenstrahl sie nicht trifft.
»Warme«, intensive Farben wie Gelb scheinen sich nach vorn
zu bewegen, während »kühlere« Farben wie Blau zurücktre-
ten. Joey scheint es deshalb, als würde sich der Sonnenstrahl
auf ihn zu nach vorn bewegen, während der Raum in dessen
unmittelbarem Umkreis sich von ihm fortbewegt. Der Raum
besitzt also ein Zentrum, das kontinuierlich näher kommt,
wie ein Ton, der immer weiter ansteigt, ohne jedoch über den
hörbaren Tonumfang hinauszugehen. Gleichzeitig gibt es um
das Zentrum herum einen Raum, der sich langsam zurückzieht. Das Zentrum, das von den tanzenden Kräften belebt
wird, scheint sich immer weiter auf Joey zuzubewegen, ohne
ihn je zu erreichen. Darüber hinaus scheint der vortretende
Lichtfleck auf der zurückweichenden Wand sich von innen
nach außen kontinuierlich zu erneuern.

In dieser Interaktion mit einem Sonnenstrahl fühlt Joey alles aufsteigen, um »ihm zu begegnen«. Es ist wie ein Versprechen (»Es kommt immer näher«), zuletzt ein »Verebben« der
»Spannung«, der Erregung. Das Spiel der Illusionen und Gefühle fasziniert Joey. Für ihn ist es ein Feuerwerk, das nicht
nur seine Augen, sondern sein gesamtes Nervensystem gefan-
genhält. Kleinkinder mögen Erlebnisse mit anwachsender
Spannung und Erregung, solange der Anstieg nicht zu schnell
erfolgt oder zu weit geht. (Wenn Sie die Aufmerksamkeit Ihres Babys wecken und festhalten wollen, lassen Sie unwillkürlich Stimme und Mimik lebhafter wirken.) Läßt die Stimulation nach oder hören die Veränderungen auf, wenden sie
sich meist gelangweilt ab. So findet auch Joey nach einer Weile
das Spiel der Erscheinungen in dem Sonnenstrahl langweilig.
Sein immerwährendes Näherkommen verliert den Reiz des
Neuen, Spannenden. Joeys Aufmerksamkeit beginnt mit
einem Mal nachzulassen, und er sieht sich nach einem neuen
Erlebnis um. In diesem Moment wendet er den Kopf von der
sonnenbeschienenen Wand weg.

## 2. Klingender Raum – 7.07 Uhr morgens

Joey hat sich gerade von der sonnenbeschienenen Wand abgewendet und betrachtet die Gitterstäbe seines Kinderbetts und an ihnen vorbei die weit dahinterliegende dunklere Wand.

*Auf einmal springt ein Stück Raum hervor.*
*Eine dünne, aufrechte Säule.*
*Sie steht regungslos und singt eine strahlende Melodie.*
*Jetzt kommen ganz aus der Nähe andere Töne hinzu.*
*Daneben steht eine weitere Raumsäule.*
*Sie singt auch, und ihr Lied paßt zu dem der ersten Säule.*
*Ihrer beider Melodien verflechten sich zu einem Zwiegesang,*
*eine Melodie tönt laut, die andere leise.*
*Ganz weit weg zeichnen sich jetzt weite, weiche Formen ab.*
*Sie pulsieren in einem langsameren, tieferen Rhythmus.*
*Das nahe, helle Duett läuft in den fernen, langsamen*
    *Rhythmus hinein*
*und wieder heraus.*
*Beide Formen verweben sich zu einem einzigen Lied, das die*
    *Welt erfüllt.*
*Dann kommt von irgendwoher ein anderer Ton.*
*Eine Sternschnuppe: sie blitzt vorbei und ist schon*
    *verschwunden.*

Sobald Joey den Kopf wendet, sieht er sofort einen Gitterstab seines Bettchens und wird von dem dunklen, schimmernden Stück Holz direkt vor seinen Augen regelrecht bedrängt. Ob es aus eigener Kraft dorthin sprang oder erst in dem Moment auftauchte, als er den Kopf in seine Richtung drehte, hat für Joey noch keine Bedeutung. Für ihn existiert es auf einmal vor seinen Augen und zwar im Nahbereich, nicht in der Entfernung.

Der Stab hebt sich deutlich von der im Schatten liegenden Wand und den anderen entfernten Raumteilen ab. Er besteht aus dunkel lackiertem, glänzendem Holz. Er nimmt seine Aufmerksamkeit sofort gefangen und zwar zunächst deshalb, weil er ihm sehr nah ist und dadurch klar begrenzt, deutlicher, fester und lebhafter wirkt. Joeys Augen können zu diesem Zeitpunkt ihre Scharfeinstellung nur teilweise an Objekte in verschiedenen Entfernungen anpassen. Da er den entfernten Teil des Zimmers noch nicht klar sehen kann, erscheint ihm die hintere Wand undeutlich, dabei jedoch letztlich erkennbar – so wie ein Erwachsener die Einzelheiten einer weit entfernten Landschaft nur verschwommen sieht.

Für Joey ist der Stab nicht einfach ein Ding aus Holz, sondern eine besondere räumliche Form inmitten anderer Formen und Räume um ihn herum. Der Gitterstab besitzt allerdings einen Gefühlston, der anders ist als alles übrige in diesem Raum. Der Begriff Gefühlston bezeichnet die verschiedenen Gefühle, die der Stab in jemandem hervorrufen kann, der ihn nicht als Teilstück eines Kindermöbels erfährt, sondern als Objekt an und für sich, so wie wir beispielsweise eine abstrakte Skulptur betrachten würden. Wie soll man sich das vorstellen?

Bei dem Gesellschaftsspiel »Botticelli« denkt sich der Mitspieler, der »dran« ist, insgeheim eine bestimmte Person aus und sagt »ich denke an eine Person«. Die anderen Mitspieler versuchen durch eine bestimmte Art von Fragen diese Person zu erraten: »Wenn diese Person ein Stück Stoff wäre, wie würde sie sich anfühlen?« »Wenn sie eine Farbe wäre, welche wäre das dann?« »Wenn sie ein Ton wäre, welche Note der Tonleiter wäre sie?« »Wenn sie ein Lied wäre, wer hätte es geschrieben oder gespielt?« »Wenn sie ein Moment des Tages wäre, zu welcher Tageszeit käme sie vor?« »Wenn sie eine

Temperatur wäre, eine Witterung, ein Geschmack...« und so weiter.

Bei diesem Spiel müssen die Mitspieler die Person, die geraten werden soll, alle hervorragend kennen. Sie müssen bestimmte Qualitäten der Erfahrung erfassen können: Spannung, Härte, Weichheit, Klarheit, Helligkeit, Intensität, Tempo, Rundungen und Ecken und Kanten. Außerdem müssen sie in der Lage sein, diese Eigenschaften mit jedem einzelnen ihrer Sinne wahrzunehmen: dem Sehen, Schmekken, Fühlen, Hören und Riechen. Sie müssen darüber hinaus fähig sein, die aus einer Sinneswahrnehmung abgeleiteten Qualitäten in eine andere Sinnesmodalität zu überführen, zum Beispiel vom Sehen zum Hören. Diese intuitive Fähigkeit, Wahrnehmungen von einem Sinn in einen anderen zu übersetzen, bewirkt oft erst den Zauber eines dichterischen Werkes, wie in diesen Zeilen aus Baudelaires *Entsprechung* (1857):

*Und Düfte gibt es, wie die Jugend klar und kühl,*
*und grün wie Wiesen, süß wie der Hoboen Singen,*
*– und üppig andre, wild, gebieterisch und schwül.*

Von Geburt an besitzen Säuglinge die Fähigkeit, dieses Spiel zu spielen. Ihr Nervensystem ist so angelegt, daß ihnen dies ohne vorherige Erfahrung gelingt. Erfahrung ist natürlich hilfreich. Wenn man beispielsweise einem drei Wochen alten Säugling die Augen verbindet und ihm einen Schnuller gibt, den er nie zuvor berührt oder gesehen hat, saugt er an ihm, um ein Gefühl für seine Form zu bekommen. Nehmen wir ihm diesen Schnuller aus dem Mund und zeigen ihn ihm nach Abnehmen der Augenbinde neben einem anderen, den er ebenfalls niemals zuvor gesehen hat, wird er den Schnuller, an dem er gesaugt hat, viel länger ansehen als den anderen. Wir können also davon ausgehen, daß der Säugling jetzt die beiden Schnuller unterscheiden kann und den ersten wiedererkennt. Das Kind ist demnach in der Lage, die Form des Schnullers von der Tastwahrnehmung (durch den Mund) zu abstrahieren und diese Kenntnis in die visuelle Wahrnehmung zu überführen. Deshalb erkennt das Baby den durch Saugen erkundeten Gegenstand sofort auch an seinem Aussehen. Der Schnuller ist ihm auch visuell »vertraut«.

Zurück zu Joey. Der Gitterstab des Bettchens besitzt bestimmte abstrakte Qualitäten: Er ist gerade, lang und dünn, er weist leuchtende Stellen auf, wo das Licht vom Lack reflektiert wird, er ist sehr kompakt, und seine Form setzt sich scharf umrissen gegen den diffuseren Hintergrund ab. Die Liste könnte noch fortgesetzt werden. Jede dieser abstrakten Eigenschaften weckt in Joey ein Gefühl: Der Stab liefert ihm eine emotionale Erfahrung. Ebenso wie Erwachsene bei dem Botticelli-Spiel versuchen, mit Wahrnehmungen und Gefühlen eine »fundamentale Erfahrung« zu fassen zu bekommen, geht es Joey mit dem Gitterstab: Wäre er ein Lied, klänge er wie ein Kornett und eine Oboe in inniger, lebhafter Harmonie. Das ist die »strahlende Melodie«, die der Stab für Joey singt. Diese Gefühlstöne, die Joey so gefangennehmen, sind nicht so verschieden von unseren eigenen, wir besitzen lediglich die Mittel und die vielschichtige Erfahrung, um sie zu übersetzen und auszudrücken.

»Jetzt kommen ganz aus der Nähe andere Töne dazu.« Joey beginnt zu erkennen, daß es mehr als einen einzigen Gitterstab gibt. Er nimmt den nächsten Stab wahrscheinlich nicht sofort wahr, seine Anwesenheit wird vielmehr erst allmählich deutlich. Erst durch die Wahrnehmung des ersten Stabes wird er für den zweiten Stab aufnahmebereit. Uns geht es manchmal ähnlich mit einem unbekannten Wort. Ist es uns erst einmal begegnet, taucht es an den folgenden Tagen so oft auf, daß wir uns fragen müssen, ob es wirklich so ungewöhnlich ist, wie es uns schien. Warum das so ist, mag dahingestellt bleiben. Sehr wahrscheinlich läuft die Sache so ab: Der erste Stab, den Joey sieht (oder für uns das neue Wort), bildet bestimmte visuelle wie emotionale Aktivierungsmuster. Dazu gehört auch der Gefühlston des Stabes. Solange diese neuen Muster aktiviert sind, wird Joey wahrscheinlich – wie wir auch – in der Welt um ihn herum weitere Dinge finden, die dazu passen. Deshalb liegt die Schwelle für die Wahrnehmung des zweiten Stabes im Vergleich zu den anderen Gegenständen in Joeys Umgebung niedriger.

Joey wendet dann seinen Blick zum nächsten Gitterstab, und damit setzt sein erster Konflikt ein: Er muß entscheiden, ob zwei Dinge gleich sind oder nicht. Der zweite Stab löst ein ähnliches Erlebnis in ihm aus wie der erste, er singt »eine ähnliche, aber nicht dieselbe Melodie«. Von Natur aus versuchen Säuglinge zu erkunden, ob Erfahrungen identisch, ähnlich (im Sinne einer Variation) oder völlig verschieden sind. In diesem Fall besteht für Joey ein – wenn auch geringer – Unterschied zwischen den Stäben in Form von Entfernung, Schatteneinfall, Blickwinkel und so weiter. Für ihn herrscht zwischen den beiden Stäben Harmonie – ein »Zwiegesang«, bei dem sich die Melodien stark ähneln.

Zwischen den Stäben kann nur dann Harmonie bestehen, wenn Joey beide gleichzeitig vor seinem geistigen Auge sehen kann. Gelingt ihm das nicht, »hört« er nur ein einziges Solo und im nächsten Augenblick, wenn sein Blick hinüberwandert, ein zweites, ähnliches Solo, niemals aber ein echtes Duett. Bis zum Alter von drei oder vier Monaten scheinen Babys ihre Aufmerksamkeit jeweils nur auf eine Sache zu richten. Wenn sie sich dann auf einen zweiten Gegenstand konzentrieren, vergessen sie offenbar den ersten. Er ist genügend ›aus den Augen, aus dem Sinn‹, daß das Baby nicht einmal versucht, eine Verbindung zwischen beiden Dingen herzustellen. Deshalb dürfte Joey in den meisten Fällen jetzt noch keine wirklichen Duette erleben. Hier jedoch empfängt er lediglich sensorische Reize, und ich vermute, daß jeder Sinneseindruck eine Art Nachbild hinterläßt, so daß der folgende Eindruck für kurze Zeit zugleich mit der Projektion des ersten Bildes wahrgenommen wird. Deshalb tönt bei dem Zwiegesang »eine Melodie laut, die andere leise«. Joey sieht letztlich beide Eindrücke simultan, auch wenn er sich jeweils nur auf einen von ihnen konzentrieren kann.

Die beginnende Interaktion zwischen den Stäben im Vordergrund und der weiter hinten gelegenen Wand stellt den zweiten Konflikt für Joey dar. Kleinkinder wie Erwachsene sehen Gegenstände und Räume in Form von räumlichen Frequenzen. Ein Palisadenzaun beispielsweise besteht aus einer bestimmten Zahl von Einheiten (Pfosten) pro Einheit des Gesichtsfeldes (des sichtbaren Ausschnitts). Die Dichte der Einheiten stellt die räumliche Frequenz des Gesehenen dar. Eine Gruppe von drei kleinen Jungen, die ungleichmäßig verteilt vor dem Palisadenzaun stehen, hat eine andere räumliche Frequenz. Das Bild von Jungen und Zaun besteht aus zwei sich überlagernden räumlichen Frequenzen. Wir Erwachsenen können ohne weiteres kleine Jungen von einem Zaun oder die Stäbe eines Gitterbettchens von Wänden und Türen unterscheiden, und das kann auch Joey. Aber er kann es deshalb, weil die räumliche Frequenz der Gitterstäbe schneller (dichter) und regelmäßiger ist als die von Wand und Tür dahinter, nicht jedoch aufgrund ihrer eigenen Qualität als Gegenstände. Unterstützend wirkt dabei auch die Tatsache, daß die Stäbe ihm näher sind.

Erst der Kontrast zwischen den räumlichen Frequenzen (schnell und regelmäßig gegenüber langsam und unregelmäßig) und den Qualitäten der Gegenstände (fest, strahlend, klar, gegenüber locker, diffus, weich) bringt sowohl das nahe, strahlende Lied wie auch das ferne, langsamere Lied hervor. Jedes Lied gehört einer anderen Ebene des Raumes an. Die Verbindung zwischen den beiden Liedern und damit zwischen den beiden Ebenen des Raumes herzustellen ist der Kern des zweiten Konflikts. Während Joeys Aufmerksamkeit zwischen Vorder- und Hintergrund hin- und herspringt, kommt zu der schnellen, regelmäßigen, einfachen Harmonie der Gitterstäbe der langsame, nur lose verknüpfte Rhythmus der Wand und der Tür im weiter entfernten Teil des Zimmers. Bei Joeys scheinbar ziellosem Hin- und Herspringen zwischen den beiden Punkten muß ein kreativer Prozeß stattfinden. Der schnellere Vordergrund kann mit seinen regelmäßigen, klaren Akzenten die verschwommene Bewegung des Hintergrunds strukturieren. Andererseits kann der Hintergrund mit seinem gedehnteren Rhythmus Einzelteile des Vordergrunds festhalten und miteinander verknüpfen. Jedesmal, wenn Joey den Blickwinkel wechselt, wird das Gegenstück zum Vorherigen für ihn lebendiger. Konzentriert er sich auf eine der beiden Perspektiven, hört er weiterhin das Echo der anderen und sieht deren Nachbild schimmern. Eine nahe und eine ferne Welt treffen sich, der Raum um Joey wird langsam eins vor seinem geistigen Auge.

»Dann kommt von irgendwoher ein anderer Ton. Eine Sternschnuppe: sie blitzt vorbei und ist schon verschwunden.« In diesem Alter hat Joey noch wenig Kontrolle über seine Armbewegungen. Wenn er etwas intensiv ansieht, was ihn fesselt, kann es vorkommen, daß er mit den Armen rudert und scheinbar ziellose Bewegungen macht. In diesem Moment ist ein Arm nach vorne in Joeys Gesichtsfeld geschwenkt und dann rasch wieder zurückgefallen und verschwunden. Alle Babys sind höchst interessiert an Dingen, die sich bewegen. Ihr peripheres Sehfeld (das, was man an den Seiten sieht) kann am besten Bewegungen wahrnehmen, während das zentrale (oder foveale) Sehfeld besser Formen erkennt. Das ist sinnvoll, da unsere Sicherheit und unser Wohlergehen als wachsame Wesen davon abhängig ist, daß wir Bewegungen auch außerhalb unserer unmittelbaren Blickrichtung wahrnehmen. Nur dann können wir Kopf und Augen genau in die Richtung der wahrgenommenen Bewegung wenden, und uns dann entscheiden, ob wir fliehen oder selbst jagen sollen.

Der »andere Ton« ist Joeys eigene Hand, die in sein peripheres Sehfeld hinein- und wieder aus ihm herausschwingt und seine Aufmerksamkeit teilweise von den Gitterstäben ablenkt. Natürlich weiß Joey nicht, daß es sich um seine Hand handelt, er nimmt lediglich eine Bewegung wahr. Diese Sternschnuppe kommt »von irgendwoher« – aus der Peripherie – und unterscheidet sich in Geschwindigkeit und Dauer von dem, was Joey gerade ansieht.

Anhand solcher Wahrnehmungen erschafft der Säugling seine aus vielen verschiedenen Arten von Ereignissen bestehende einheitliche Welt. Der »andere Ton« kennzeichnet den Beginn einer weiteren Integrationsaufgabe, die Joey bald zu bewältigen haben wird: zu wissen, daß die Hand, welche er in Bewegung sieht, dieselbe ist wie die, welche er sich bewegen fühlt und auch wie die, welche er bewegen will.

Das Baby wird so vor die enorme Aufgabe gestellt, die verschiedenen Elemente der Welt praktisch alle zur gleichen Zeit mit Sinn zu füllen.

### 3. Ein Hungersturm – 7.20 Uhr morgens

Joeys letzte Mahlzeit ist vier Stunden her, er hat jetzt wahrscheinlich Hunger. Plötzlich schiebt sich seine Unterlippe vor. Er wird verdrießlich. Bald tauchen erste abgerissene Jammerlaute auf und entwickeln sich rasch zu anhaltendem Schreien.

*Ein Sturm droht loszubrechen. Das Licht wird metallisch. Die Wolkenparade am Himmel bricht auseinander. Himmelsfetzen zerstieben in alle Richtungen. Der Wind sammelt still seine Kraft. Man hört ein Brausen, aber keine Bewegung ist zu sehen. Der Wind und sein Rauschen haben sich getrennt. Jeder hetzt hinter dem verlorenen anderen her, hält abrupt inne und jagt wieder los. Die Welt zerfällt. Irgend etwas wird gleich geschehen.*
*Das Unbehagen wächst. Es breitet sich vom Zentrum her aus und verwandelt sich in Schmerz.*
*Genau im Zentrum bricht jetzt der Sturm los. Genau im Zentrum wird er stärker und geht in pulsierende Wellen über. Die Wellen treiben den Schmerz hinaus, ihr Sog zieht ihn jedoch zurück nach innen.*
*Der Wind und das Brausen und die Himmelsfetzen werden alle zum Zentrum zurückgesogen. Dort finden sie zueinander, werden wieder vereinigt, doch nur, um sich von der nächsten Welle wieder hinausschleudern und wieder zurücksaugen zu lassen, dabei dunkler und stärker werdend.*
*Die pulsierenden Wellen türmen sich auf und nehmen die gesamte Atmosphäre ein. Die Welt ist ein einziges Brüllen. Alles*

*explodiert und wird hinausgeworfen und bricht in sich zusammen und rast zurück zu einem punktförmigen Schmerz, der keinen Bestand haben kann, aber doch weiterbesteht.*

Hunger ist eine überwältigende Erfahrung, ein Bedürfnis, ein Trieb. Er rast durch das Nervensystem eines Säuglings wie ein Orkan, unterbricht dabei alles, was vorher war, und setzt vorübergehend jedes geordnete Verhalten und Erleben außer Kraft. Der Sturm erzwingt sich eigene Handlungs- und Gefühlsmuster, eigene Rhythmen.

Das Hungergefühl ist zunächst schwach, wird aber rasch stärker. Solange es zu Beginn noch diskret und vage ist, empfindet es Joey vermutlich nur als allgemeine Gereiztheit, die seine Ausgeglichenheit stört. Davon ist alles betroffen – Bewegungen, Atem, Aufmerksamkeit, Gefühle, Erregung, Wahrnehmungen und anderes mehr. Diese »globale« Störung muß Joey wie ein plötzlicher Verlust der Harmonie erscheinen, als ob »etwas schieflaufe«. Der Gefühlston aller Dinge verändert sich mit einem Mal, so wie das »Licht« vor einem Sturm »metallisch wird«.

In dieser Phase des zunehmenden Chaos und wachsenden Hungergefühls muß die Welt bindungslos und fetzenhaft erscheinen. Wenn Joeys Aufmerksamkeit für Augenblicke nach innen gezogen wird, kann er die Außenwelt nur fragmentarisch wahrnehmen. Was er normalerweise als ein kontinuierliches Werden erlebt, wird lückenhaft, so als habe eine Szene abrupt geendet und an einer anderen Stelle oder zu einem anderen Zeitpunkt wieder eingesetzt. Joeys Erleben weist Brüche auf: Er strampelt mit Armen und Beinen und erschüttert so die Atmosphäre um sich. »Die Wolkenparade am Himmel bricht auseinander. Himmelsfetzen zerstieben in alle Richtungen.«

Am meisten gestört ist Joeys Atemfluß. Der Hunger wächst weiter und drängt seine Ordnung dem bereits herrschenden Chaos auf. Zunächst erobert er Joeys Atem, dieser wird schneller, tiefer, abgehackter. Nach kurzer Zeit wird auch seine Stimme aktiviert, Joey beginnt zu schreien. Während der Hunger noch wächst, stimmen Joeys Atem (»der Wind«) und sein Schreien (»sein Rauschen«) noch nicht überein. Einmal atmet er ohne Stimmbeteiligung, dann wieder kennzeichnen kurze Schreie das Ende der Ausatemphase, ohne jedoch die ganze Phase über anzuhalten. Dann wieder dauern Ausatmen und Schrei so lange, daß Joey keine Luft mehr bekommt.

Die fehlende Koordination zwischen Atmen und Schreien ist für Joey, als hätten »der Wind und sein Brausen sich getrennt. Jeder hetzt hinter dem verlorenen anderen her, hält abrupt inne und jagt wieder los«. Joeys wütendes Schreien und heftige Bewegungen sind ebenfalls bestimmende Elemente dieser chaotischen Unmutsphase. Arm- und Beinbewegungen sind weder untereinander koordiniert, noch mit dem Schreien und Atmen gekoppelt. Für Joey »zerfällt die Welt«. Dieses diffuse Gefühl ohne jeden Angelpunkt spiegelt die tiefgreifende Erschütterung seines Wohlbefindens.

Schließlich jedoch beginnt der immer stärker werdende Hunger sich in ihm zu lokalisieren, und zwar an einer Stelle, die sich wie »das Zentrum« anfühlt. (Joey weiß noch nicht, daß es sich dabei um sein Zentrum handelt, für ihn bildet es einfach das Zentrum dessen, was für ihn die Welt ausmacht.) Es passieren zwei Dinge. Zunächst entwickelt sich vor dem Hintergrund der diffusen Gereiztheit ein deutliches Hungergefühl: »Genau im Zentrum bricht jetzt der Sturm los.« Zum anderen bewirkt der Hungerschmerz in Joeys Nervensystem einen Wechsel der Gangart. Joey kann sich in den kraftvollen Rhythmus des lauten Schreiens fallenlassen. Er erlebt ihn als pulsierende Wellen. Das Schreien aus vollem Halse ist keineswegs ein chaotischer Zustand, sondern ein vom zentralen Nervensystem charakteristisch organisiertes Verhalten. Dieser Zustand koordiniert Joeys Verhalten wieder entsprechend seinen eigenen Mustern.

Die neue Ordnung des vollen Schreis besteht in einem schnellen, tiefen und gierigen Einatmen (dem Sog zum Zentrum) und einem langgezogenen Ausatmen in Verbindung mit dem lauten Schrei, der den Atem jeweils bis zum Ende der Ausatemphase begleitet (dem Hinausschleudern). Atem und Stimme sind endlich wieder gekoppelt, die Welt beginnt sich von neuem zu ordnen. »Der Wind und das Brausen und die Himmelsfetzen werden alle zum Zentrum zurückgesogen. Dort finden sie zueinander, werden wieder vereinigt, doch nur, um sich von der nächsten Welle wieder hinausschleudern zu lassen.«

Während das Schreien lauter wird, nimmt es Joeys gesamtes Tun und Erleben vollständig ein und ordnet es. Vermutlich macht das kraftvolle, mit einem Schrei verbundene Ausatmen Joey den Schmerz im Moment erträglicher, so wie Jammern und Herumhüpfen »helfen«, wenn man sich einen Zeh gestoßen hat. Er handelt jetzt koordiniert und erlebt die Dinge nicht mehr nur passiv. Außerdem bieten seine Anstrengungen und der Lärm, den er produziert, eine Ablenkung. Während er schreit, kommt es Joey vor, als würde er den Schmerz immer wieder nach außen wegschreien. Zwischen den Atemzügen verdichtet sich die Empfindung innen von neuem. »Die pulsierenden Wellen türmen sich auf und nehmen die gesamte Atmosphäre ein. Alles explodiert und wird hinausgeworfen.« Es bricht in sich zusammen und »rast zurück zu einem punktförmigen Schmerz«.

Das geordnete laute Schreien hilft Joey in zweierlei Hinsicht, mit dem Hungergefühl umzugehen. Es handelt sich um ein wundervolles, zielgerichtetes Signal (Polizei- und Feuerwehrsirenen machen sich dasselbe Prinzip zunutze), um seine Eltern auf sein Unbehagen aufmerksam zu machen und sie zu einer Reaktion aufzufordern. Gleichzeitig hilft es dem Säugling, die Intensität des Hungergefühls abzuschwächen. So gesehen ist es der Hunger, der in Joey Potentiale freisetzt, welche ihm helfen, einerseits die Außenwelt zu erreichen und andererseits mit seiner Innenwelt zurechtzukommen.

## 4. Der Hungersturm verebbt – 7.25 Uhr morgens

Joeys Mutter hört sein hungriges Schreien und betritt das Zimmer. Sie spricht mit sanfter, beruhigender Stimme zu ihm. Sie hebt ihn hoch und hält ihn mit ihrem linken Arm gegen die Brust gedrückt, während sie mit der anderen Hand ihre Bluse aufknöpft. Dabei spricht sie die ganze Zeit über zu ihm. Schließlich legt sie ihn an die Brust. Er findet die Brustwarze und saugt gierig. Nach einer Weile saugt er gelassener und schaut seiner Mutter ins Gesicht.

*Sofort ist die Welt eingehüllt. Sie wird kleiner und langsamer und sanfter. Die Hülle schiebt die weiten leeren Räume hinweg. Alles verändert sich. Ein vages Versprechen quillt hervor. Die pulsierenden Explosionen und Einbrüche werden gezähmt. Sie sind nach wie vor da, noch immer wild, noch immer bereit, loszubrechen.*
*Irgendwo zwischen der Grenze und dem Zentrum des Sturms gibt es einen Sog, ein Zusammenziehen. Zwei Magneten bewegen sich wankend aufeinander zu, berühren sich und koppeln sich fest aneinander.*
*An der Kontaktstelle setzt ein neuer, schneller Rhythmus ein. Er wird von den langsam pulsierenden Wellen des Sturms getragen. Dieser neue Rhythmus ist kurz und gierig. Alles bemüht sich, ihn zu verstärken. Mit jedem Impuls fließt ein Strom zum Zentrum. Der warme Strom vertreibt die Eiseskälte. Er kühlt das Brennen. Er löst den Knoten im Zentrum und entkräftet das wilde Pulsieren, bis dieses ein für alle Mal vergeht.*

*Der neue Rhythmus wird zu einem weichen, geschmeidigen Schreiten. Die übrige Welt entspannt sich und folgt ihm nach. Alles ist neu zu erschaffen. Eine veränderte Welt erwacht. Der Sturm ist vorüber. Der Wind hat sich gelegt. Der Himmel ist besänftigt. Es erscheinen fließende Linien und schwebende Formen. Sie verheißen Harmonie und lassen alles lebendiger werden, wie wenn Licht sich verändert.*

Joeys Hungerschrei verfehlt nicht seine Wirkung als Signal, seine Mutter kommt zu ihm. Noch bevor sie ihre Bluse aufknöpfen und Joey an die Brust legen kann, hat sie bereits vier neue Elemente in seine Welt eingebracht: Geräusche, Berührung, Bewegung und eine neue Körperhaltung. Diese vier Elemente überschneiden sich und bilden die »Hülle«, welche die »weiten, leeren Räume« wegschiebt. Wir wollen sehen, wie das vor sich geht.

Zunächst betritt Joeys Mutter das Zimmer und ruft seinen Namen. Wie viele Mütter angesichts ihres hungrigen, schreienden Babys spricht sie die ganze Zeit zu ihm, manchmal ohne Pause, bis die Brustwarze sicher in seinem Mund ist. Was sie im einzelnen sagt, ist praktisch bedeutungslos. »Jetzt ist ja alles wieder gut, Joey. Ist ja gut. Mami beeilt sich schon, so gut sie kann. Einen ganz kleinen Moment noch. Ist ja gut, Schatz.« Sie redet, um Joey (und sich selbst auch) zu beruhigen. Wichtig dabei ist die Melodie, nicht die Worte selbst. Sie benutzt die Melodie ihrer Stimme wie eine Decke, mit der sie Joey einhüllt, um ihn zu trösten oder ihn wenigstens einen Augenblick hinzuhalten, bis er mit dem Trinken beginnen kann. Ihre Stimme dient auch als Taktgeber: Zuerst ist ihr Rhythmus schneller als der von Joeys Schreien, um diesen zu durchbrechen. Er wird dann langsamer, um Joey durch ihren Rhythmus in eine ruhigere Verfassung zu bringen. Deshalb scheint die Welt für Joey langsamer zu werden. Ihr Sprechen ist insofern das erste Element, das ihn mit Sanftheit umhüllt. Andernfalls nämlich, wenn Joey sich zu sehr hineinsteigert, könnte er möglicherweise vor Aufregung nicht mehr trinken.

Seine Mutter setzt ihr »instinktives« mütterliches Wissen ein, um ihn auf das Stillen vorzubereiten. Es handelt sich dabei um einen hervorragenden Regulationsmechanismus, auf den die meisten Mütter ganz unwillkürlich zurückgreifen.

Joeys Mutter nimmt ihn jetzt auf. Sie hält ihn erst senkrecht hoch, während sie sich selbst für das Stillen fertigmacht, und legt ihn dann waagerecht in ihren Arm, damit er trinken kann. Die ganze Zeit über klopft sie beruhigend auf seinen Rücken und streichelt ihn. Diese simplen Vorgänge verändern Joeys Wirklichkeit dramatisch. Um ihn hochzuheben und festzuhalten, muß seine Mutter ihn berühren, und dies stellt das zweite neue Element der »Umhüllung« dar. In Verbindung mit seinem Gefühl des Zerberstens und der Ausdehnung muß ihm dies wie eine plötzliche Einengung vorkommen, als würde seine Welt gegen eine Grenze stoßen. Diese Grenze hat jedoch auch etwas Tröstliches.

Die Veränderung der Körperhaltung ist das dritte neue Element in Joeys Weltbild. Nach dem Ansprechen des Kindes ist die erste Handlung einer Mutter in dieser Situation, daß sie es aufnimmt und in einer »Umarmungshaltung« hochhält, so daß seine Brust gegen ihre Brust gedrückt wird und sein Köpfchen auf ihrer Schulter liegt, während sie weiter Brust oder Flasche zum Stillen vorbereitet. Joeys Mutter weiß nicht (oder höchstens »intuitiv«), daß sie damit zwei Dinge zugleich auslöst. Zum einen kommt es zum Kontakt zwischen ihren beiden Körpervorderseiten und damit zur Umarmungsposition. Diese Form des Körperkontakts zwischen Menschen ist wohl am besten in der Lage, jemanden zu trösten, wenn er erregt oder verzweifelt ist. Joey wird sein ganzes Leben lang das Bedürfnis und den Wunsch nach Umarmungen haben, wenn seine Gefühle – egal in welchem Alter – verletzt werden, wenn er sich einsam, unsicher oder traurig fühlt. Wenn Joey zwölf Monate alt ist, werden wir die Macht einer Umarmung erneut beobachten (vgl. Abschnitt 7). Außerdem bringt die Umarmung Joey in eine senkrechte Position und damit in eine für sein Alter sehr interessante Haltung. Das Feedback, das Joey von seinen Muskeln bekommt, »teilt« ihm »mit«, in welcher Lage er sich im Raum befindet, und es hat einen starken Einfluß auf den Zustand seines Nervensystems. Wenn man ein Baby aufrecht hält, hat dies auf sein Nervensystem eine ähnliche Wirkung, wie wenn man bei einem Auto die Gangschaltung betätigt: Es wird sofort körperlich ruhiger, aber geistig viel wacher und offener für das, was es um sich herum sieht und hört. Ist dem Säugling zum Beispiel nur verdrießlich und etwas unbehaglich zumute, reicht es meist schon aus, wenn man ihn hochhebt und im Arm hält, um ihn zu beruhigen. Er wird die Augen aufreißen und über die Schulter der Mutter hinweg die Umgebung betrachten. Körperkontakt und senkrechte Position geben Joey das Gefühl, alles sei »in Bewegung«, also im Umbau begriffen und dabei, sich zu normalisieren. Seine Welt wird »ruhiger«.

Bewegung ist das vierte Element der Hülle, die Joeys Welt jetzt umgibt. Um seinen Körper in die richtige Position zu bringen, muß seine Mutter ihn im Raum bewegen. Dabei wiegt sie ihn hin und her, tätschelt und streichelt ihn. Bevor seine Mutter das Zimmer betrat, war Joeys subjektives Bewegungsgefühl vor allem durch Wellen bestimmt, die sich explosionsartig ausdehnten und dann in sich zusammenfielen. Durch die Lageveränderung im Raum läßt seine Mutter eine Gegenbewegung entstehen, die wiederum die Kraft der Schrei-»Bewegungen« bricht.

Joey fängt an zu begreifen, daß diese durch das Eingreifen seiner Mutter eintretenden Veränderungen eine Erleichterung seines Unbehagens ankündigen. Er beginnt Erwartungen auszubilden über das, was kommen wird. Schließlich hatte er bereits ausreichend Gelegenheit zu lernen, daß das Auftauchen seiner Mutter und ihre Handlungen für ihn letztlich immer bedeuten, daß sein Hunger gestillt wird. Wenn wir annehmen, daß er im Schnitt fünfmal täglich trinkt, hat er im Alter von sechs Wochen bereits zweihundertundzehn Gelegenheiten gehabt, diesen Zusammenhang herauszufinden. Er ist ein kluges Kind und wird allmählich zum Experten für derartige Erwartungen. Diese zunehmende Erwartungshaltung ist das »vage Versprechen«, das »hervorquillt«. Man kann beobachten, daß hungrige Säuglinge bereits im Alter von ein paar Wochen ruhiger werden, sobald ihre Mutter nur den Raum betritt. Ich vermute, daß dies zum Teil aufgrund der konkurrierenden Reize geschieht, die sie auslöst. Aber es ist auch der Beginn einer Erwartungshaltung, die mit etwa drei Monaten deutlicher ausgeprägt sein wird.

Trotz dieser Veränderung in Joeys Wirklichkeit ist der Hunger noch immer da. Das Reden und Umarmen und die Erwartungen dienen lediglich dazu, Zeit zu gewinnen. Joey nimmt dieses labile Gleichgewicht wahr: »Die pulsierenden Explosionen und Einbrüche werden gezähmt. Sie sind nach wie vor da, noch immer wild, noch immer bereit, loszubrechen.«

Bevor er trinken kann, muß Joey die Brustwarze in den Mund nehmen, was einen hervorragend abgestimmten Pas de deux zwischen ihm und seiner Mutter erfordert. Joeys Mutter stützt seinen Kopf und hält ihn in etwa in die Richtung, in die ihre Brust zeigt, was ziemlich ungenau ist. Um die Feinabstimmung kümmert sich Joey selbst. Wie eine Kompaßnadel in einem Magnetfeld rollt sein Kopf in kleinen Bewegungen hin und her, bis er, von seinem Tastsinn geleitet, die Brustwarze gefunden und die Verbindung hergestellt hat. Diese feinen Zielbewegungen sind Teil von Joeys Reflexrepertoire und genetisch vorprogrammiert.

Hunger bildet den Antrieb für Joeys Suchen. Er erlebt den Hunger innen, »genau im Zentrum des Sturms«. Die Brustwarze, nach der er (natürlich ohne es zu wissen) sucht, befindet sich irgendwo in der Hülle, die nun die Grenze seiner Welt bildet. Er empfindet diesen Prozeß zunächst als »Sog«, als Anziehung zwischen zwei Magneten. Wenn sie zusammenkommen und sich fest aneinanderkoppeln, ist die Brustwarze sicher in seinem Mund.

Sobald dieser »Kontaktpunkt« zwischen dem körperlichen Gefühl des Hungers und der Empfindung seines Mundes hergestellt ist, beginnt Joey zu saugen. Auch das Ablaufmuster des Saugens ist genetisch vorprogrammiert. Alle Säuglinge besitzen in etwa ähnliche Saugmuster: zunächst mehrere Züge in einem regelmäßigen, schnellen Rhythmus, dann eine Pause, dann ein weiterer Schub regelmäßiger Züge in schneller Folge, wieder eine Pause, und so weiter. (Das genaue Muster ist jedem Kind so eigen wie sein Fingerabdruck.) Durch das Saugen entsteht für Joey ein »neuer, schneller Rhythmus«.

Und nun passieren zwei Dinge. Zum einen löst das Saugen selbst, unabhängig von der geflossenen Milchmenge, den neuen Rhythmus in Joeys Körper aus. Praktisch jeder einzelne Muskel verhält sich so, daß Joey möglichst ergiebig und lange saugen kann. Alles in ihm versucht den neuen Rhythmus zu unterstützen, und beginnt so, den Rhythmus der »langsam pulsierenden Wellen« des Hungerschmerzes zu überlagern und allmählich zu verdrängen. Zum anderen beginnt Joey zu schlucken. Die durch seine Kehle rinnende warme Flüssigkeit muß sich wie ein Strom anfühlen, der bis zum Zentrum jeder dieser Wellen fließt. Der Strom wärmt die eisige Kälte des leeren Raums, er kühlt den brennenden Hunger und löst den Knoten im Zentrum des Hungers.

Wenn ein Baby in diesem Alter trinkt, scheint es beim Stillen des Hungergefühls zwei Phasen zu geben. In der ersten Phase des akuten, übermächtigen Dranges saugt das Kind vollkommen konzentriert. Bereits eine relativ kleine Menge Milch besänftigt dieses Bedürfnis, so daß die akute Phase rasch vorbei ist. (Die Milch löst im Magen biochemische Signale aus, die über das Blut zum Gehirn gelangen und dort die Aktivität des »Hungerzentrums« herabsetzen.) In der sich daran anschließenden längeren Phase fällt das Baby in ein »weiches, geschmeidiges Schreiten«. Es trinkt die Milch, allerdings etwas weniger konzentriert und gierig. Es fühlt, wie die übrige Welt sich entspannt, und das gleiche tun auch seine eigenen, angespannten Muskeln. Diese zweite Phase wird physiologisch durch die Menge der Milch im Magen mitbestimmt, die ebenfalls als ein Signal an das Gehirn wirkt.

Mit dem Übergang in die zweite Hungerphase wird Joey wieder aufnahmefähig für die Welt um ihn herum. Ist die akute Phase vorbei, kann er gleichzeitig trinken und seine Umgebung sehen und hören, während er vorher nur trinken konnte. Eltern erfassen diesen Ablauf intuitiv sehr gut. Was sie tun, ist in der ersten Phase ziemlich gleichgültig, solange sie den Kontakt mit Brust oder Flasche nicht unterbrechen. Was sie während der zweiten Phase tun, ist davon abhängig, ob sie das Kind rasch und ausgiebig stillen wollen. Wenn das der Fall ist, sollten sie dabei weder sprechen noch Grimassen schneiden oder sonst irgendetwas tun, was die Aufmerksamkeit des Babys erregt und festhält, um das Kind nicht vom Trinken abzulenken. Möchten die Eltern jedoch das Kind eher gemächlich füttern, können sie abwechselnd spielen und stillen. In dieser Phase der Hungerbefriedigung wird das Kind allerdings eher spielen als trinken wollen, wenn es dazu aufgefordert wird. Die Eltern müssen deshalb die Spielphasen so sparsam dosieren, daß das Kind letzlich genug trinkt.

Nachdem der aktue Hunger vorbei ist, öffnet Joey sich nicht nur wieder für seine Umwelt, sondern er tritt vollständig neu in die Welt ein. In diesem Alter durchleben Babys verschiedene Bewußtseinszustände wie Schlafen, Dösen, wache Inaktivität, wache Aktivität, Schreien und akuten Hunger. Diese Zustände sind deutlich voneinander unterschieden, und das Kind erlebt den Übergang von einem zum anderen nicht kontinuierlich, sondern in Sprüngen. Jeder Zustand gleicht eher einer Treppenstufe als einem Punkt auf einem gleichmäßigen Gefälle. Deshalb geht der Wechsel von einem Zustand zum nächsten bei einem Baby abrupter vor sich als beim Erwachsenen. Joey erlebt den Wechsel vom Zustand akuten Hunges zu einem anderen Zustand als eine Art Reise und Ankunft. »Alles ist neu erschaffen. Eine veränderte Welt erwacht. Der Sturm ist vorüber. Der Wind hat sich gelegt. Der Himmel ist besänftigt.«

Beim Wiedereintritt in diese »veränderte Welt« sieht er

wahrscheinlich als erstes das Gesicht seiner Mutter. Es liegt in seiner Blickrichtung und hat genau die richtige Entfernung. Wenn ein Baby gestillt wird, beträgt der Abstand zwischen seinen Augen und denen seiner Mutter etwa 25 cm, und das ist genau die Entfernung, in der ein Säugling das deutlichste, schärfste Bild sieht. Auch die Umrisse eines menschlichen Gesichts ensprechen exakt dem, was Kinder von Geburt an gern ansehen (ich werde dies im nächsten Kapitel im einzelnen erläutern).

Während Joey also seine Bedürfnisse selbst befriedigt und sie zugleich von anderen befriedigt werden, betrachtet er die »fließenden Linien und schwebenden Formen« im Gesicht seiner Mutter. Die Formen gefallen ihm. Es besteht eine Entsprechung (eine »Harmonie«) zwischen seiner inneren Zufriedenheit und Freude und dem Auftauchen des mütterlichen Gesichts, denn die innere Freude beeinflußt natürlich auch seine Wahrnehmungen. Er erkennt nun auch kleine Bewegungen ihres Gesichts und ihrer Augen und wird von ihnen angeregt. Und wenn er nun auf ihre Bewegungen mit einer erhöhten Lebhaftigkeit reagiert, belebt das wiederum ihre Mimik. Die gesteigerte Anregung wirkt zusammen mit der Empfänglichkeit für äußere Reize »wie wenn Licht sich verändert«, das alles »lebendiger werden läßt«. (Ein anderes Mal könnte Joey natürlich auch sofort nach dem Stillen einschlafen, anstatt in einen Zustand wacher Inaktivität überzugehen.)

Die lebenswichtige Verbindung zwischen dem Zyklus Befriedigung – Wohlbefinden – Belebung und der Anwesenheit, dem Gesicht und den Handlungen der Mutter ist jetzt und für lange Zeit in Joeys Leben hergestellt. Wir nehmen an, daß das Baby jetzt anfängt, sich ein Modell, eine Art geistiges Abbild der Mutter zu schaffen. Das Modell besteht zum Schluß aus zahlreichen verschiedenen Teilstücken seiner Interaktion mit ihr, zu denen auch das gerade beschriebene Stillen gehört. Weitere Teilstücke könnten beispielsweise ihre ganz persönliche Art sein, ihn zu trösten, wenn es ihm nicht gut geht, oder ihn anzuregen oder Freude in ihm zu wecken und anderes mehr. Wir nehmen außerdem an, daß das geistige Modell, das er von seiner Mutter aufbaut, ihm als Prototyp dafür dient, was er in seinem späteren Leben im Umgang mit anderen geliebten Menschen erwarten wird.

# Kapitel II

## *Die Welt der direkten Kontakte*

### Joey im Alter von viereinhalb Monaten

Joey ist nun in einen kurzen, aber außergewöhnlichen Zeitabschnitt seines Lebens eingetreten. Zwischen der achten bis zwölften Lebenswoche macht seine Entwicklung einen enormen Sprung. Die Fähigkeit, in sozialen Kontakt mit anderen Menschen zu treten, beginnt sich zu entfalten: Zum ersten Mal zeigt sich bei ihm das »soziale Lächeln«. Er beginnt Laute zu bilden, und hält bereits längere Zeit einen Blickkontakt aufrecht. Fast über Nacht ist aus ihm ein soziales Wesen geworden. Noch sind allerdings die ganz intensiven sozialen Interaktionen auf die allernächste Nähe beschränkt, das heißt auf den Kontakt von Angesicht zu Angesicht und auf das »Hier und Jetzt zwischen uns«. Diese intensive, unverfälschte Form seiner Beziehungen dauert etwa bis zu seinem sechsten Monat und wird alle seine künftigen Kontakte zu anderen Menschen und sein Verständnis für ihr Verhalten prägen.

Diese »soziale« Welt ist aus vielerlei Gründen ungewöhnlich. Da ist zunächst einmal allein das Gesicht. Für Joey ist es zu diesem Zeitpunkt das faszinierendste und beeindruckendste von allen Objekten. Dieses Gesicht scheint seinen eigenen, besonderen Gesetzen zu folgen und besitzt eine geradezu magische Anziehungskraft. Auch wir Erwachsenen interessieren uns am meisten für Gesichter, wenn wir uns auch nicht ganz so intensiv mit ihnen beschäftigen. Während unseres ganzen Lebens verbringen wir wahrscheinlich mehr Zeit mit der Betrachtung fremder Gesichter, als mit irgendwelchen anderen Objekten. Von Geburt an lesen wir in ihnen und kennen ziemlich genau ihre Reaktionen. Wir sind fast alle geborene Spezialisten, wenn es um die Mimik eines Gesichts in all ihren Feinheiten geht. Gefühle und Absichten eines anderen Menschen meinen wir darum noch am ehesten in seinem Gesichtsausdruck entziffern zu können. Dabei beginnt bereits zu einem sehr frühen Zeitpunkt, nämlich ganz am Anfang unseres Lebens, unsere Entwicklung zum Experten.

Für Joey ist ein Gesicht eine einzigartige »Welt« in sich. Das liegt zum einen daran, daß er aufgrund seiner visuellen Ausstattung ein Gesicht jedem anderen Betrachtungsgegenstand vorzieht. Im Verlauf eines langen Evolutionsprozesses hat seine Sehfunktion ganz bestimmte Vorlieben angenommen. Er zieht beispielsweise Rundungen und Wölbungen (wie bei Augenbrauen und Wangen) geraden Linien vor und mag starke Hell-Dunkel-Kontraste (wie die Pupille im Kontrast zum weißen Augapfel). Auch liebt er spitze Winkel (wie in den Augenwinkeln) mehr als stumpfe, und ist fasziniert von der Symmetrie zweier senkrechter Flächen (wie die rechte und linke Gesichtshälfte). Anders als mit sechs Wochen nehmen ihn nun Bewegungen im Innern eines Rahmens gefangen (wenn sich beispielsweise beim Reden die Lippen innerhalb der Umrisse des Gesichts bewegen).

Zählt man alle diese angeborenen Präferenzen zusammen, so scheinen sie geradezu geschaffen zu sein für das menschliche Gesicht als ideales Betrachtungsobjekt. Dabei gilt diese angeborene Vorliebe keineswegs dem Gesicht selbst. Vielmehr entsprechen seine wesentlichen Eigenschaften und Merkmale haargenau Joeys Sehpräferenzen. Wir können vermuten, daß sich während des Evolutionsprozesses die visuellen Vorlieben des Kindes gleichzeitig mit der Struktur des weiblichen Gesichts entwickelt haben, was wohl dem Zweck diente, die Bindung zwischen Mutter und Kind zu festigen.

Das Gesicht ist noch aus zwei weiteren Gründen etwas Besonderes. Zunächst einmal ist das Gesicht der Mutter oder des Vaters nicht nur lebendig, sondern reagiert auch lebhaft auf alles, was Joey tut. Dadurch fühlt er sich auf ganz besondere Weise mit anderen Menschen verbunden. Außerdem besitzt das menschliche Gesicht für Joey ab seinem zweiten oder dritten Lebensmonat bemerkenswerte Fähigkeiten, da es sein erstes, auf den Sozialkontakt ausgerichtetes Lächeln und seine frühesten Laute auslöst. Bereits seit seiner siebten bis achten Lebenswoche ist seine Reaktion auf seine Eltern ein strahlendes Lächeln. Wenn sie mit ihm sprechen, plappert er sogar bereits zurück.

Das zweite bedeutsame Ereignis beim Eintritt in seine neue soziale Welt ist die neu erworbene Kontrolle seines Blicks. Nun bestimmt er selbst, wohin er seinen Blick richtet und was er wie lange betrachtet. Bereits mit dreieinhalb Monaten gelingt ihm das fast so gut wie einem Erwachsenen. Weil enger Kontakt sich stets nur über ein Sich-Anblicken entfaltet, kann er ihn nun eigenständig herstellen oder auch abbrechen. Er stellt den Kontakt zu seiner Mutter her, indem er sie ansieht, denn sie wird seinen Blick erwidern. Er kann den Kontakt vertiefen, indem er zu strahlen beginnt, und er beendet ihn, indem er seinen Kopf wegdreht und die Augen von ihr abwendet. Eine Aufforderung zum Kontakt mit seiner Mutter kann er dadurch ablehnen, daß er sie nicht ansieht. Will er den Kontakt vollständig beenden, schaut er endgültig weg. Was die mimische Interaktion mit anderen Menschen angeht, so ist er also bereits zu diesem frühen Zeitpunkt als echter Experte zu bezeichnen.

Wechselseitiger Augenkontakt gibt diesen Interaktionen ihre Struktur. Ihr Inhalt ist nicht der Austausch von Worten, sondern von Blicken. Ja, man kann sagen, daß es in dieser Lebensphase kein bedeutsameres Ereignis gibt als den Blickkontakt. Er bildet die Basis aller Lebensäußerungen von Joey, zum Beispiel dann, wenn er seine Freude oder andere Gefühle zum Ausdruck bringt. Dieser Blickkontakt ist natürlich eine ungemein intensive Erfahrung.

Babys verhalten sich so, als wären die Augen tatsächlich Fenster zur Seele. Im Alter von sieben Wochen reagieren sie auf die Augen, als handelte es sich bei ihnen nicht nur um die »geographische« Mitte des Gesichts, sondern auch um die

»psychologische« Mitte der betreffenden Person. Falls Sie schon einmal »Kuckuck« mit einem Säugling gespielt haben, wissen Sie, was ich damit meine! Zwar zeigt das Kind bereits Anzeichen erwartungsvoller Freude, solange Sie das Tuch, mit dem Sie Ihr Gesicht verdecken, langsam sinken lassen, so daß Ihr Haaransatz und Ihre Stirn sichtbar werden. Der Höhepunkt seiner Freude stellt sich jedoch erst genau dann ein, wenn es Ihre Augen sieht. Bei sechsjährigen Kindern zeigt sich die zentrale psychologische Bedeutung der Augen auf andere Weise. Fragen Sie zum Beispiel ein sechsjähriges Kind, das sich die Augen mit den Händen zuhält, ob es meint, das Sie es sehen können – es wird auf diese Frage meist mit einem »Nein« antworten! Dies liegt jedoch nicht daran, daß sich das Kind – weil es Sie nicht sieht – umgekehrt eben auch nicht vorstellen kann, daß Sie es sehen. Das meinen nur wir Erwachsenen, denn in Wirklichkeit weiß es sehr genau, daß Sie es sehen können, und daß Sie auch wahrnehmen, wie es sich die Augen zuhält. Was es eigentlich meint, wenn es Ihre Antwort verneint, ist: »Wenn du meine Augen nicht sehen kannst, dann siehst du mich nicht wirklich!« Denn »jemanden sehen« bedeutet, seine Augen zu sehen.

Nicht nur für Joey, für jeden von uns sind die Augen eines Menschen ungeheuer wichtig. In die Augen eines Menschen zu schauen, der unseren Blick erwidert, ist wieder etwas anderes. In diesem Augenblick nehmen wir nicht nur die seelische Lebendigkeit des Betreffenden wahr – dieser Augenblick des wechselseitigen Anblickens ist auch ungemein alarmierend. Er ist sogar so aufwühlend, daß Erwachsene ohne zu sprechen meist nicht länger als einige Sekunden den Blickkontakt mit einem anderen Menschen aufrecht halten können – dies allerdings unter der Voraussetzung, daß Sie sich weder gerade in den anderen verlieben, noch mit ihm schlafen oder kämpfen wollen. Ein wortloser längerer Blickkontakt kann praktisch unerträglich sein und bei bestimmten Tieren wie Hunden, Wölfen oder Menschenaffen starke Aggressionen auslösen. Dabei schaut das unterlegene Tier zuerst weg, um die möglicherweise von dem überlegenen Tier als feindselig empfundene Annäherung zu beenden. Zirkusdompteure setzen ihr Wissen um diese Verhaltensweisen geschickt ein. Soll das Tier sich in Bewegung setzen, schauen sie ihm herausfordernd in die Augen. Soll es stehenbleiben, schauen sie zu Boden. Setzt er beide Methoden abwechselnd ein, kann ein Dompteur Zirkustiere dazu bringen, in hintereinanderliegende Reifen zu treten und jeweils einen Augenblick in jedem Reifen zu verharren.

Der Austausch von Blicken scheint bei Menschen je nach Kontext starke positive oder negative Gefühle auszulösen. Darauf beruht übrigens nicht nur die Faszination bestimmter »Anstarr«-Spiele bei Kindern. Auch die entsprechenden »Spiele« zwischen Erwachsenen, bei denen der, welcher zuerst wegsieht, meist der Verlierer ist, beziehen aus dieser Tatsache ihren Reiz.

In diesem Alter geht es bei den sozialen Interaktionen zwischen Joey und seiner Mutter oder seinem Vater nicht um etwas Konkretes. Weder er noch seine Bezugspersonen sprechen über ein bestimmtes Thema wie das Wetter oder einen Gegenstand. Sie haben sich gegenseitig keinerlei Geständnisse zu machen und müssen sich weder Vergangenes erläutern noch zusammen ihre Zukunft planen. Ihr einziges »Thema« ist der Augenblick hier und jetzt, in welchen sie sich als zwei menschliche Wesen intensiv miteinander verbunden fühlen. Ihre Interaktionen haben einzig zum Ziel, diese »Erfahrung« auszudehnen. Sie dienen nicht der Vorbereitung für etwas anderes – sie sind bereits das, worum es geht. Außer bei bestimmten Versteckspielen (beispielsweise Kuckuck) sind diese Interaktionen weitgehend spontan. Weder Joey noch seine Mutter wissen dabei genau, was der nächste Moment zwischen ihnen bringt. Sie erfinden das Spiel, indem sie es einfach spielen.

Solche intensiven Interaktionen sind jedoch nicht nur auf diese Altersphase beschränkt. Immer wieder im Verlauf eines langen Menschenlebens werden sie sich ereignen, wenn auch weitgehend unbemerkt. In gewissen Augenblicken können sie allerdings übermächtig an die Oberfläche treten. Dann beispielsweise, wenn der inzwischen herangewachsene Joey einem jungen Mädchen endlose Minuten lang wortlos in die Augen schaut, wobei nur ihre Mimik und ihr sich verändernder Atem miteinander zu sprechen scheinen. Aber auch in anderen Momenten seines späteren Lebens werden Joeys frühe Interaktions-Erfahrungen wieder aktiviert, und zwar meist in ähnlich intensiv erlebten Augenblicken der Nähe mit einem anderen Menschen.

In diesem Abschnitt seiner Entwicklung ist Joey in diese besonderen Interaktionen ganz vertieft, ja, sie nehmen ihn völlig gefangen. Dafür gibt es mehrere Gründe: Zum einen ermöglichen ihm die während seines fortschreitenden Reifungsprozesses neu erworbenen Antriebe und Verhaltensweisen, den Nahkontakt mit seiner Bezugsperson selbst aufrechtzuerhalten. Zweitens macht seine angeborene Vorliebe für Gesicht, Stimme und Bewegungen des Menschen seine Eltern sowohl zu natürlichen Auslösern seines Sozialverhaltens als auch zum natürlichen Ziel, auf das er dieses Verhalten richtet. Was sonst könnte Joey auch in diesem Alter tun? Sein ausschließliches Interesse am direkten Kontakt ist ja nicht aus seinem freien Willen entstanden. Vielmehr ist er auf das »Hier und Jetzt zwischen uns« mehr oder weniger beschränkt. Und selbst wenn ihn etwas außerhalb dieses zwischenmenschlichen Bereichs interessieren würde, wäre er nicht in der Lage, darauf in irgendeiner Weise Einfluß zu nehmen. Noch sind bestimmte Grenzen für ihn unüberwindbar, da er weder nach Dingen greifen, noch sie nehmen oder hergeben kann. Er kann auch noch nicht deuten oder zeigen, und er ist weder zu Fragen noch zu Erklärungen imstande. Statt dessen ist er gefangen in der unerschöpflichen Fülle und Intensität dieser vorsprachlichen Welt und der in ihr existierenden unverfälscht-spontanen Beziehungen zwischen »Ich« und »Du«. Ob er will oder nicht, Joey wird in dieser Welt gefangen sein, zumindest bis er fünfeinhalb oder sechs Monate alt ist.

Vermutlich dient die Reihenfolge, in der sich Joeys soziale Fähigkeiten entwickeln, einem ganz bestimmten Zweck. Ohne von komplizierten Wünschen oder Absichten abgelenkt zu werden, kann der Säugling die fundamentale Fähigkeit zur reinen, intensiven Nähe mit einem anderen Menschen erlernen. Erst wenn das Kind den »reinen« zwischenmenschlichen Kontakt beherrscht, können andere Dinge dazukommen. Aus denselben Gründen könnte man nämlich ebensogut fragen, warum der Spracherwerb bei Kindern überhaupt erst ab dem zweiten Lebensjahr möglich ist. Meiner Ansicht nach ist das auch deshalb der Fall, weil die erste und entscheidende Aufgabe des Kindes darin besteht, die nonverbale »Basis« zu erwerben, auf der später alle sozialen Interaktionen und auch die Sprache aufbauen. Diese Aufgabe nimmt mehrere Jahre in Anspruch.

Ist dieser Zeitpunkt erreicht, geschieht zweierlei: Joeys Interesse an der »Objektwelt« wird geweckt, gleichzeitig ist er fähig geworden, mit ihr umzugehen. Sehr rasch entwickelt sich die Koordination zwischen seinen Augen und Händen einerseits und zwischen seinen beiden Händen andererseits. Er lernt, nach Gegenständen zu greifen und dadurch auf die Welt der unbelebten Objekte Einfluß zu nehmen. Weil er diesen »Objekten« nun seine Aufmerksamkeit zuwenden kann, ist es ihm auch möglich, sich mit seinen Eltern über sie auszutauschen. Das macht er allerdings niemals ausschließlich, da die Welt des »Hier und Jetzt zwischen uns«, die Welt der direkten »Ich und Du«-Beziehung, für Joey immer bestehen bleibt. Sie geht nicht unter, sondern wird ergänzt und bereichert durch eine andere, zweite Welt. Bis dahin wird Joey allerdings noch in dieser unvergleichlich intensiven Welt des nahen Kontakts leben, die nur in der kurzen Lebensspanne zwischen dem zweiten und dem sechsten Monat existiert.

Hier nimmt er sich auch zum ersten Mal als ein »Handelnder« wahr, der in der Welt etwas bewirken kann. Allein ein Drehen seines Kopfes bewirkt bereits, daß sich die Szenerie ringsum verändert. Schließt er die Augen, wird die Welt um

57

ihn herum dunkel. Bewegt er den Arm, dann antworten seine Muskeln auf eine ganz bestimmte Weise. Er spürt ihre Bewegungen und ihre veränderte räumliche Position durch die muskuläre Spannung, die nach den Gesetzen der Schwerkraft in ihnen entstanden ist. Bald genießt er diesen Fortschritt, da er so aus dem ehemals passiven Zustand heraustritt, um selbst »aktiv zu handeln«.

Auch bemerkt er nun seine eigene körperliche Existenz als von der seiner Mutter getrennt. Er beginnt sowohl seine eigenen Grenzen als auch die seiner Mutter zu spüren, er merkt, daß er und sie häufig unterschiedlich handeln und empfinden. Bewegt sich seine Mutter, dann geben ihm seine Muskeln keine entsprechende Rückmeldung. Spricht sie, hat er auf den Rhythmus ihrer Worte keinen Einfluß. Ihre Berührung nimmt er passiv wahr, während er – wenn er sich selbst berührt – sich zugleich als aktiv und passiv erlebt.

Auch wird ihm klar, daß bestimmte Gefühlszustände, beispielsweise Freude oder Hunger, nur ihm allein gehören. Wenn er fröhlich ist, spürt er, wie die Erregung steigt und ihn beflügelt: Er spürt, wie sich die Muskeln seines Gesichts und seines Körpers auf eine ihm bereits vertraut gewordene Art und Weise dehnen und strecken, und er hat dabei ein starkes Bedürfnis, irgend etwas zu tun oder in Bewegung zu setzen. All diese vertrauten Gefühle treffen jedoch nicht so zusammen, wenn ihn seine Mutter anlächelt, sondern immer nur dann, wenn seine Freude aus ihm selbst kommt.

Weil sich bestimmte Dinge immer wieder auf die gleiche Weise ereignen, entsteht nun allmählich in Joeys Vorstellung ein Bild von den Menschen um ihn herum, einschließlich seiner selbst. Nehmen wir als Beispiel seinen Arm: Bewegt er ihn, erhält er stets eine Rückmeldung von seinen Muskeln. Weil solche Abläufe immer zusammen vorkommen und sich nie verändern, werden sie *Invariante* genannt. Joey kann mittlerweile bei solchen Invarianten unterscheiden, ob sie sein eigenes Selbst oder das von anderen Personen bestimmen.

Innerhalb der Psychologie war die Frage, ab wann und auf welche Weise sich ein Kind als getrennt von seiner Mutter erlebt, viele Jahre lang heftig umstritten. Die Antwort läßt sich vielleicht finden, wenn wir uns vor Augen führen, wie das Kind solche »invarianten« Teile seiner Erlebniswelt erkundet und erkennt. Stellen wir uns dazu drei von mehreren möglichen nicht veränderlichen (invarianten) Elementen einer Armbewegung vor. Das erste Element ist die Intention (der normalerweise unbewußte Entschluß, den Arm zu bewegen). Sie leitet die Bewegung ein und stellt sozusagen ihre Planung dar. Das zweite Element wäre dann das muskuläre Feedback während und nach der Ausführung der geplanten Bewegung, und das dritte Element besteht darin, daß das Kind die Bewegung des Armes sieht.

Auch im Beisein seiner Mutter erlebt Joey, wenn er seinen Arm bewegt, alle drei invarianten Elemente. Er spürt seinen Entschluß und die Rückkopplung seiner Muskeln, und er sieht, wie der Arm sich bewegt. Diese typische Konstellation von Invarianten läßt allmählich einen zu Joey gehörenden Selbstprozeß hervortreten. Bewegt dagegen seine Mutter in seinem Beisein ihren Arm, dann sieht er zwar die entsprechende Bewegung, erlebt aber weder den Entschluß noch die muskuläre Rückkopplung. Aufgrund dieser veränderten Anordnung von Invarianten beginnt er, Fremdprozesse von Selbstprozessen zu unterscheiden. Außerdem existiert noch eine weitere Konstellation. Wenn Joeys Mutter seine Arme bewegt (beispielsweise dann, wenn sie ihm beibringt, in die Hände zu klatschen), dann bemerkt er zwar das muskuläre Feedback seiner Armbewegungen, und er sieht sie auch. Es fehlt jedoch der Entschluß als entscheidendes Element, das ja normalerweise erst die Bewegung in Gang setzt. Diese dritte Art von Erfahrung charakterisiert Ich-mit-anderen-Prozesse.

Fragen wir, wie das Kind beginnt, zwischen sich und seiner Mutter zu unterscheiden, dann gibt uns dieser Vorgang wohl die entsprechende Antwort. Frühere Theorien gingen von einem sehr langsamen Verlauf dieses Prozesses aus, wobei angenommen wurde, daß Säuglinge relativ lange, etwa bis zum siebten oder neunten Monat, in einem Zustand völliger Verschmelzung mit ihrer Mutter leben. Man glaubte, daß sie in dieser symbiotischen Beziehung nicht zwischen mütterlichen und eigenen Gefühlen unterscheiden könnten. Erst seit kurzer Zeit wissen wir um die Fähigkeit des Kindes, bereits relativ früh sogenannte Invariante seiner Erfahrungswelt zu erkennen. Wir gehen deshalb davon aus, daß bereits im dritten oder vierten Lebensmonat die Entdeckung des Unterschieds zwischen dem Selbst und anderen Personen im Gange ist.

Fassen wir die Entwicklung dieser kurzen Phase noch einmal zusammen: Es sind drei entscheidende Elemente des menschlichen Daseins, die sich hier erstmals entfalten. Zum einen sind es Prozesse innerhalb des eigenen Selbst, zum andern solche in anderen Menschen, und zum dritten sind es gemeinsame Prozesse zwischen dem Ich und einer anderen Person. Weil das so ist, kann ich in Joeys Sprache zu diesem Zeitpunkt bereits von »ich«, »wir« und auch von »ihr« sprechen.

Joey hat demnach damit begonnen, seine soziale Welt zu strukturieren, zu der nicht nur er und seine Eltern gehören, sondern auch alle anderen vertrauten Menschen in seiner unmittelbaren Umgebung. Jede einzelne dieser Bezugspersonen sieht anders aus und verhält sich anders als die übrigen. Keine gleicht der anderen in ihrem Aussehen oder ihrer Mimik und Gestik. Außerdem treten sie als handelnde, sich wechselseitig beeinflussende Individuen in Erscheinung, die ihre Gefühle so zum Ausdruck bringen können, daß sie bei anderen Menschen bestimmte Reaktionen auslösen. Zu diesem Zeitpunkt beherrscht auch Joey bereits die verwickelten Spielregeln des vielschichtigen und komplexen Dialogs mit seinen Bezugspersonen.

Bedenken wir, wie differenziert die sozialen Interaktionen eines viereinhalb Monate alten Babys bereits sind, dann verbirgt sich hinter jeder einzelnen seiner neuerworbenen Fertigkeiten ein enormer Entwicklungsschritt. Die Integration dieser neuen Fertigkeiten in ein wohlkoordiniertes Sozialverhalten ist ein noch größerer Entwicklungsschritt. Hinkt auch nur eine einzige dieser Fertigkeiten hinter der Entwicklung des Ganzen her, so verzögert sich vermutlich allein dadurch die Entwicklung des gesamten Sozialverhaltens. Ist eine wesentliche Fähigkeit in diesem Alter noch gar nicht angelegt, dann leiden darunter möglicherweise auch die sozialen Interaktionen des Kindes entsprechend. Beispielsweise verweigern sich autistische Kinder jeglichem Blickkontakt. Er scheint ihnen nicht nur keinen Spaß zu machen, sondern ist ihnen allem Anschein nach regelrecht zuwider! Selbst wenn die übrige Entwicklung völlig normal verläuft, schränkt allein der fehlende Blickkontakt sowohl die kindliche als auch die elterliche Erfahrungswelt ungeheuer ein. Auch teilnahmslose, depressive oder sonst anderweitig zu sehr beanspruchte Bezugspersonen tragen wesentlich zur Verarmung der sozialen Erfahrungswelt des Kindes bei.

In Joeys Fall hat jedoch eine glückliche Fügung dafür gesorgt, daß seine Fähigkeiten altersgemäß entwickelt und gut integriert sind. Seine Eltern gehen normalerweise auch ausreichend auf seine Bedürfnisse ein. Allerdings werden auch sie im Laufe der Zeit Fehler machen – das ist ganz unvermeidlich und liegt in der menschlichen Natur, die nie perfekt ist! Wenn auch seine Eltern fast immer für ihn da sind und sich meist in ihn einfühlen können, so werden sie doch ab und zu versagen und falsch auf ihn reagieren. Geschehen solche Fehler nicht zu oft, tragen sie letztlich zu Joeys gutem Gedeihen ebenso bei wie das »richtige« Verhalten seiner Eltern. In den beiden nächsten Abschnitten entdecken wir sowohl die Freuden als auch die Risiken und Gefahren von Joeys neuer sozialer Welt. Im fünften Abschnitt geht es um die Interaktion zwischen ihm und seiner Mutter, die beinahe außer Kontrolle gerät. Und im sechsten Abschnitt ist er den diffusen Reizen einer Situation außerhalb seiner Familie ausgesetzt. Sein Vater hilft ihm, mit dieser neuen Situation zurechtzukommen.

## 5. Wortlose Zwiesprache – 9.30 Uhr morgens

Joey sitzt auf dem Schoß seiner Mutter, sein Gesicht ist ihr zugewandt. Sie schaut ihn an, aber ihr Gesicht ist ausdruckslos, so als wäre sie mit ihren Gedanken ganz weit weg. Joeys Blick wandert zunächst über ihr Gesicht. Schließlich sieht er ihr in die Augen.

Nun schauen beide einander wortlos an und verharren so für eine ganze Weile. Schließlich durchbricht Joeys Mutter die Verzauberung mit einem kleinen Lächeln. Sich rasch nach vorne beugend erwidert Joey ihr Lächeln. Nun strahlen sich beide gegenseitig an. Man könnte auch sagen: beide tauschen eine Weile wechselseitig freundlich lächelnd Blicke aus.

Joeys Mutter geht nun zu einer Art Spiel über. Sich zu ihm vorbeugend verzieht sie ihr Gesicht zu einem Ausdruck übertriebener Überraschung. Scherzend stupst sie ihre Nasenspitze an die seine und gibt dabei lustig gurrende Laute von sich. Sobald sich ihre beiden Nasen berühren, quietscht Joey vor Entzücken und kneift dabei die Augen zu. Dann lehnt sich seine Mutter wieder zurück und legt eine kleine Pause ein, um seine spannungsvolle Erwartung zu steigern. Wieder beugt sie sich zu Joey, um ihm einen kleinen Nasenstüber zu geben, und dieses Mal verzieht sich ihr Gesicht zum Scherz noch etwas bedrohlicher als zuvor. Joey reagiert mit steigender Anspannung und Aufregung. Sein Lächeln wird starr und sein Ausdruck wechselt zwischen Freude und Angst.

Joeys Mutter scheint die Veränderung nicht bemerkt zu haben. Nach einer weiteren spannungsgeladenen Pause nähert sie sich seinem Gesicht noch ausgelassener als zuvor, wobei sie »ooooh« macht, in anschwellender Lautstärke. Nun verdüstert sich Joeys Gesicht. Er schließt die Augen und wendet den Kopf ab. Seine Mutter bemerkt jetzt, daß sie zu weit gegangen ist und hört mit dem Spiel auf. Einen Augenblick lang tut sie gar nichts. Dann flüstert sie leise mit ihm und lächelt ihn einladend an. Langsam wendet er sich ihr wieder zu.

*Ich tauche ein in die Welt ihres Gesichtes. Seine Umrisse sind hier der Himmel, die Wolken und das Wasser. Ihre Lebendigkeit und ihr Schwung sind die Luft und das Licht. Meist ist es ein Aufruhr von Licht und Luft. Heute aber ist hier alles bewegungslos und trübe. Weder regen sich die gebogenen Linien in ihrem Gesicht noch seine runden Wölbungen. Ist sie fort? Wo ist sie hingegangen? Ich habe Angst. Langsam kriecht ihre Gleichgültigkeit auch in mich hinein. Ich suche in ihrem Gesicht nach etwas Lebendigem, zu dem ich Zuflucht nehmen kann.*

*Jetzt habe ich es gefunden – es sind ihre Augen. Ihre ganze Lebendigkeit ist dort konzentriert. Es ist zugleich die weichste und die härteste Stelle dieser Welt.*

*Die Augen ziehen mich tiefer und tiefer in eine weit entfernte Welt hinein. Ich treibe und werde von vorbeiziehenden Gedanken hin und her geschaukelt, wenn sie die Oberfläche ihres Blickes kräuseln. Ich schaue weit hinab in die Tiefe und spüre dort die kraftvolle Strömung ihrer unsichtbaren Energie. Heftig brandet sie von dort zu mir empor und zieht und zerrt an mir. Ich rufe sie zurück. Ich will unbedingt wieder ihr Gesicht sehen mit seinem lebendigen Ausdruck.*

*Allmählich kehrt das Leben in ihr Gesicht zurück. Meer und Wolken haben sich verwandelt. Ihre Oberfläche schimmert gleißend hell. Neue Räume öffnen sich nun – Bögen erheben sich und schweben, Flächen und Formen beginnen langsam zu tanzen. Ihr Gesicht wird zu einer leichten Brise, die mich fächelnd berührt und mich liebkost und beflügelt. Sie ist der Wind, mit dem sich meine Segel wieder füllen. Aufs Neue beginnt der Tanz in meinem Innern.*

Nun spielen wir Fangen und sie bläst auf den See um mich herum. Das Wasser tanzt unter ihrem fächelnden Atem. Ich lasse mich auf ihren Hauch gleiten und drehe mich mit ihm. Er erregt mich. Ich werde immer schneller. Nun treibe ich ganz allein am Rand ihres Windhauchs entlang durch meine eigenen flachen, stillen Gewässer. Noch komme ich voran, werde aber ohne ihren Atem immer langsamer. Ich rufe sie, und sie antwortet und kommt zu mir. Wieder bläst sie eine frische Brise vor mich hin und – schneller werdend – lasse ich mich erneut von ihr davontragen. Ich rufe sie – sie soll mit mir gehen und mich führen. Wir treiben uns wechselseitig an. Jeder zieht den andern immer in Sprüngen voran. Wir hüpfen mit der tanzenden Brise zwischen uns.

Plötzlich dreht sich ihr Wind. Mit einem Mal kippt die Welt ihres Gesichts nach oben und neue Räume öffnen sich. Mit einer kräftig-frischen Brise kommt sie jetzt auf mich zu. Die Brise stimmt ihr eigenes anschwellendes Lied an – seine Töne berühren mich und hüllen mich ein. Geborgen in dieser wunderbaren Hülle gleite ich in schwerelosem Entzücken rasch zu ihr hin. Nun bewegt sie sich zurück und ihr Wind legt sich für eine Weile – aber nur um neue Kraft zu sammeln. Erneut jagt ein Windstoß heran. Während ich warte, daß er näherkommt, wächst die Aufregung in mir. Da ist er – er hat mich getroffen. Er läßt mich zur Seite taumeln, doch ich schnelle nach vorn und lasse mich von einer Welle schäumender Freude fortreißen. Die zweite Bö vergeht, und ihr Wind läßt wieder für einen Augenblick nach. Noch immer bewege ich mich mit atemloser Geschwindigkeit, doch ich taumle leicht. In der plötzlichen Windstille versuche ich, Luft zu schöpfen. Aber schon stürmt ihre nächste Bö auf mich zu, den Raum und alle Geräusche aufpeitschend. Sie hat mich erreicht – nun erfaßt sie mich. Ich versuche ihrer Gewalt standzuhalten und mit ihr Schritt zu halten, aber sie schüttelt mich durch und durch. Ich zittere, mein Körper weicht ihr aus. Einen Augenblick zögere ich. Dann drehe ich ab und wende dem Wind meinen Rücken zu. Ganz allein gleite ich nun in stille Gewässer.

*Dieser friedliche Ort besänftigt den Aufruhr in meinem In-*
*nern. Er legt sich, ich werde ruhig und bin getröstet.*
*In dieser köstlichen Ruhe streift etwas später ein weicher*
*Hauch seitlich meinen Kopf. Er erfrischt mich und ich wende*
*mich um. Da ist der besänftigte Himmel. Das Wasser kräuselt*
*sich sanft unter dem lauen Lufthauch.*

Wenn Joey auf dem Schoß seiner Mutter sitzt und sie anschaut, wird ihr Gesicht zum einzig interessanten Objekt seiner Welt. Es übt einen derart mächtigen Reiz auf ihn aus, daß
seine engere Welt vollständig davon bestimmt wird. Joey ist
in eine Gesichtslandschaft eingetreten.

Zunächst ist das Gesicht seiner Mutter ziemlich ausdruckslos. Sie ist im Geiste irgendwo anders und hängt einem mo-
mentanen Tagtraum nach. Obgleich sie Joey ansieht, hat sie
noch keinen Kontakt mit ihm aufgenommen. Rasch über-
fliegt er mit den Augen einzelne Teile ihres Gesichts, die er
inzwischen bereits sehr genau kennt. Ihre charakteristischen
Bewegungsabläufe sind ihm vertraut und er kennt auch ihre
Reaktionen im voraus. Daß ihr Gesicht – wenn auch nur für
einen Moment – so wenig Ausdruck zeigt, kommt zwar immer wieder einmal vor, ist aber trotzdem ungewöhnlich. Vor
allem dann, wenn ihre beiden Gesichter so nahe beieinander
sind wie jetzt und sie ihn anschaut. Auch beunruhigt ihn die
Leere und Mattigkeit ihres Gesichts und ihre unbewegte Mimik. Gerade ihre dumpfe Teilnahmslosigkeit muß ihm unheimlich erscheinen, da er ja aus ihrem Gesicht als seiner einzigen und unmittelbaren Quelle alle Reize seines Lebens
schöpft. Er spürt, daß seine Mutter, oder vielmehr deren Vitalität, abwesend ist und fragt sich, wo sie sein mag.

Mit ungefähr drei Monaten wissen Säuglinge, was sie im
nahen Blickkontakt mit ihrer Mutter zu erwarten haben, und
werden unruhig, wenn er wesentlich vom Gewohnten ab-
weicht.

Was Babys jedoch ganz besonders bestürzt, ist ein plötzlicher Abbruch der gemeinsamen Nähe. Sie sind völlig per-

plex, wenn das Gesicht der Mutter unvermittelt ausdruckslos und leer wird, und wenn es ihnen nicht gelingt, irgendeine Reaktion in ihr auszulösen. Zu dieser besonderen Situation existiert ein bekannter Versuch, das sogenannte Experiment mit dem ausdruckslosen Gesicht. Dabei wird eine gerade mit ihrem Kind intensiv beschäftigte Mutter aufgefordert, unvermittelt völlig bewegungslos zu werden und den Säugling ohne jedes Mienenspiel nur noch anzuschauen. Auf dieses reglose Gesicht reagieren Kinder im Alter von mehr als zweieinhalb Monaten sehr heftig. Während ihr Lächeln erstirbt und sie die Brauen runzeln, wandert ihr Blick verdutzt über das Gesicht der Mutter. Wiederholt versuchen sie, sie mit einem Lächeln, Gesten und Rufen wachzurütteln. Gelingt ihnen das nicht, wenden sie sich schließlich mit einem ratlosen und unglücklichen Ausdruck ab.

Wenn sie ihren Gedanken nachhängt, führt also Joeys Mutter dieses Experiment ganz unabsichtlich mit ihrem Sohn durch – wenn auch nicht vollständig. Aus mehreren Gründen ist das für ihn beunruhigend. Anstelle der erwarteten magischen »Licht-und-Ton-Landschaft« ihres lebhaften und ausdrucksvollen Gesichts (»Ein Aufruhr von Licht und Luft«), sieht er sich Gleichgültigkeit und Leere gegenüber. Außerdem reagiert er nicht nur auf das Fehlen der Stimulation, sondern identifiziert sich möglicherweise mit seiner Mutter. Vielleicht ahmt er sie sogar nach und folgt ihr in ihren Zustand geistiger Abwesenheit, von dem er – da er ihn nicht genau erfassen kann – nur einen vagen und ziemlich verwirrenden Eindruck erhält: Sie befindet sich irgendwo, wo er nicht sein möchte. Bei der Identifikation mit ihr spürt er, wie ihre emotionale Gleichgültigkeit auch ihn ergreift.

Dieser Identifikationsprozeß, bei dem ein Kind oder auch ein Erwachsener fühlt und handelt wie ein anderer Mensch, ist ungeheuer faszinierend. Obwohl wir ihn noch wenig kennen, ist er von großer klinischer Bedeutung, da viele psychische Probleme anscheinend das Ergebnis einer kindlichen Identifikation mit einem depressiven, ängstlichen, psychotischen oder auch gewalttätigen Elternteil sind. Das Gegenteil ist ebenso möglich, wenn ein Kind beispielsweise nicht in der Lage ist oder (aus welchen Gründen auch immer) daran gehindert wird, sich mit den positiven Aspekten des einen oder anderen Elternteils zu identifizieren, und so deren Integration in sein eigenes Ich blockiert ist. Diesen Vorgang kennen wir aus chaotischen Scheidungssituationen; gibt es beim Kind Anzeichen einer Identifikation mit dem verfeindeten Elternteil, dann werden diese sofort unterdrückt.

Joey hat bereits zwei Fähigkeiten erworben, die für den Identifikationsprozeß unerläßlich sind. Nahezu automatisch ahmt er bereits Mimik und Gestik anderer Menschen nach, denn praktisch seit seiner Geburt kann er bestimmte Ausschnitte des mimischen und gestischen Repertoires imitieren. Außerdem ist er wie wir Erwachsenen empfänglich für jede Art von emotionaler Ansteckung. Wir kennen diese Situation sicherlich aus unserer eigenen Erfahrung: Gähnt jemand in unserem Beisein, dann tun wir das wahrscheinlich auch. Lächelt er, dann fühlen wir uns sofort wohler, selbst wenn wir den Grund dafür nicht kennen, und lächeln auch. Weint er hingegen, fühlen wir ebenfalls einen Kloß im Hals. Dieses Verhalten zeigt sich bereits bei Neugeborenen, die zu weinen beginnen, wenn ein anderer Säugling im Nachbarbettchen auf der Entbindungsstation schreit. Diese emotionale Ansteckung ist mehr als nur eine Imitation, da die Seelenlage des anderen Menschen gewissermaßen in das eigene Ich eindringt, um dort gefühlsmäßiges Verstehen hervorzurufen.

Imitation und emotionale Ansteckung sorgen also möglicherweise schon recht früh dafür, daß sich Joey mit der Geistesabwesenheit seiner Mutter identifiziert. Glücklicherweise hängt sie nur vorübergehend ihren eigenen Gedanken nach und wendet ihm gleich darauf wieder ihre Aufmerksamkeit zu. Ganz anders ist das bei einer Mutter, die – weil sie mit ihren Schwierigkeiten in der Ehe oder im Beruf beschäftigt ist – innerlich kaum oder nur selten »anwesend« ist. Oder nehmen wir die Mutter (oder eine andere Bezugsperson), die zwar körperlich anwesend, aber aufgrund einer Depression emotional kaum ansprechbar ist. Hier lernt das Kind, unterschiedliche Erwartungshaltungen aufzubauen, nach deren Muster es eine innere Vorstellung oder ein Bild seiner Mutter entwirft. Eine solche Mutter ist trotz ihrer körperlichen Anwesenheit seelisch nur vorübergehend oder schwer ansprechbar. Auf seiner Suche nach lebendiger Anregung ist das Kind notgedrungen gezwungen, trotz ihrer physischen Präsenz den direkten Kontakt mit ihr zu meiden. Entweder muß es lernen, die dringend benötigte Anregung von einer anderen Person zu erlangen, oder es muß sich ungeheure Mühe geben, um seine Mutter werbend und schmeichelnd aus ihrer düsteren Stimmungslage herauszureißen. Dadurch würde es quasi zum Antidepressivum seiner Mutter und übernähme damit die eigentlich mütterliche Funktion der Einfühlung. Glücklicherweise kann Joey von seiner Mutter etwas anderes erwarten und muß sich seine Anregung nicht selbst beschaffen. Das funkelnde Leben findet er unmittelbar bei ihr – er muß sich dazu nicht von ihr entfernen!

Ohnehin sind ihre Augen der wahre Lebensfunke für ihn! Aufgrund ihrer Lebhaftigkeit und des Reizes, der von ihnen ausgeht, ziehen sie ihn geradezu magisch an. Der Kontrast zwischen Hell und Dunkel, ihre Rundungen, Winkel, ihr Funkeln und ihre Symmetrie faszinieren jedes Kind. In den letzten beiden Monaten – also seit seiner siebten Lebenswoche – interessieren Joey am Gesicht seiner Mutter vor allem ihre Augen. Sie sind zum weitaus fesselndsten Betrachtungsgegenstand für ihn geworden. Verweilen seine Mutter und er längere Zeit in einem wortlosen Blickkontakt, so ist das für ihn wie der Beginn einer Reise in die »ferne Welt« allein ihrer Augen.

Der wechselseitige Blickkontakt gleicht ja in der Tat einer in sich abgeschlossenen Welt. Wenn wir einen Menschen anschauen, der uns ebenfalls direkt in die Augen sieht, so ist das eine zwischenmenschliche Erfahrung, die keiner anderen gleicht. Es scheint dann, als würden wir das Seelenleben des anderen erahnen und ihm folgen können. Wir sehen abwechselnd in das linke oder rechte Auge des anderen, und auch der andere verhält sich auf diese Weise. (Macht er das nicht, ist er meist nicht wirklich »anwesend«.) Dieses rasche Hinüberwechseln auf das andere Auge ruft beim jeweiligen Betrachter winzige Veränderungen seiner Perspektive hervor, und auch sein Betrachtungsobjekt scheint sich – mitunter dramatisch, manchmal unmerklich – zu verändern. Es hat den Anschein, als funktionierten Richtungs- und Fokuswechsel wie ein Spiegel, der jedem der Beteiligten die Gedanken des anderen zurückwirft (»hier werde ich von vorbeiziehenden Gedanken hin und her geschaukelt, wenn sie die Oberfläche ihres Blickes kräuseln«).

In »der unsichtbaren Strömung ihrer Energie«, deren Kraft Joey spürt, handelt es sich um die Erregung, die ihrer beider Blickkontakt so übermächtig in ihm emporsteigen läßt. Unter Erregung verstehen wir ja einen Anstieg innerer Spannung oder Aufregung und eine zunehmende – freundlich oder feindselig ausgerichtete – Handlungsbereitschaft. Wird der schweigende Austausch von Blicken nicht unterbrochen oder gestört, nimmt die innere Spannung rapide zu. Normalerweise sorgen wir in solchen Momenten für eine gewisse Spannungsabfuhr, indem wir uns irgendwie ablenken. Wir reden dann, gestikulieren oder wandern mit unserer Aufmerksamkeit anderswohin. An etlichen subtilen Anzeichen können wir erkennen, ob die Erregung unseres Gegenübers gerade zunimmt oder schwächer wird. Veränderungen der Atmung und der Wachheit des Blickes, und winzige Bewegungen der Augen- oder Mundpartie sind solche Signale. Säuglinge reagieren auf dieselben Anzeichen äußerst sensibel.

Während in Joey und in seiner Mutter die Erregung aufwallt und wieder abschwillt, spürt er den Sog einer unsichtbaren Strömung: »Sie zieht und zerrt an mir. Ich rufe sie zurück.« Indem er seine Mutter in ihren Tiefen auslotet, fordert er sie auf, zum »Leben« zurückzukehren.

Und ihre Antwort bleibt nicht aus – sie wendet sich ihm

erneut mit ihrer ganzen Aufmerksamkeit zu und lächelt ihn an. Die Rückkehr ihres Lebensstromes erlebt Joey in ihrem Gesicht als eine Verwandlung von Himmel und Meer. Wenn sich das Lächeln über ihr Gesicht ausbreitet, beobachtet er aufmerksam jede kleine Bewegung und Veränderung der einzelnen Gesichtszüge, denn jeder Bereich ihres Gesichts trägt für ihn den Charakter eines räumlichen Körpers. Dieser Körper ist nach bestimmten architektonischen Gesetzen gestaltet, leuchtet und glänzt und folgt eigenen Bewegungsmustern. Wenn er und seine Mutter ihrer beider Lächeln aufeinander abstimmen, verschwindet die straffe Hautspannung und Lachfalten erscheinen: »Die Oberfläche schimmert gleißend hell.« Ihre Wangen werden rund und ihr Mund öffnet sich: »Neue Räume öffnen sich.« Die Rundung zieht sowohl Wange als auch Mundwinkel nach oben: »Bögen erheben sich und schweben.« Auch der Aufbau ihres Gesichts beginnt sich zu verwandeln: »Flächen und Formen beginnen langsam zu tanzen.«

Wenn das Leben in seine Mutter zurückkehrt, erlebt Joey dies als völlige Verwandlung seiner ihn direkt und unmittelbar berührenden Welt: »Ihr Gesicht wird zu einer leichten Brise, die mich fächelnd berührt und mich liebkost und beflügelt.«

Wenn sie sich zu ihm beugt, um ihn zu berühren, dann »steckt« die natürliche Macht ihres Lächelns auch ihn emotional an: Ihr Lächeln bewirkt nicht nur, daß er zurücklächelt, sondern haucht ihm geradezu neues Leben ein. Nun kann er im von ihr gefühlten und gezeigten Lebensrhythmus mitschwingen – sein Vergnügen, zu dem ihr Lächeln ihn verführt, wächst. Glücklich überläßt er sich völlig der Mutter, »Ihr Gesicht... wird zur Brise, ... die mich beflügelt. Sie ist der Wind, mit dem sich meine Segel füllen. Aufs Neue beginnt der Tanz in meinem Innern.« In diesem Augenblick reagiert er also nicht nur, sondern identifiziert sich auch mit ihr.

Haben in diesem Alter Mutter und Kind erst einmal lächelnd Blicke ausgetauscht, dann ereignet sich bei dem dabei in Gang gesetzten Prozeß folgendes: Joey lächelt etwas zeitversetzt zu seiner Mutter. Das ist ganz in Ordnung, denn ein Lächeln braucht Zeit, um sich über das ganze Gesicht auszubreiten und erst danach wieder langsam zu verblassen. Erst das volle Lächeln seiner Mutter löst Joeys eigenes Lächeln aus. Und erst wenn seines den Höhepunkt erreicht hat, belebt es das bereits verblassende Lächeln seiner Mutter neu. Der verschobene Rhythmus sorgt beim anderen jeweils für einen Neubeginn, wodurch sich das »Zwiegespräch« verlängert. Da er so beliebig in ihre Lebendigkeit hinein- und wieder heraustreten kann, kommt es Joey vor, als bewege er sich sowohl »in« als auch »außerhalb« der Brise, die sie mit ihrem Lächeln erzeugt: »Wir spielen Fangen.« Lächelt einer von beiden, dann ist das zugleich Ursache als auch Ergebnis des Lächelns des anderen. Es endet damit, daß sie sich gegenseitig antreiben: »Jeder zieht den andern immer in Sprüngen voran. Wir hüpfen mit der tanzenden Brise zwischen uns.«

Nach dem dritten Lebensmonat kommt es zwischen Mutter und Kind sehr häufig zu solchen wechselseitigen Interaktionsmustern, und zwar nicht nur beim Lächeln, sondern auch beim Austausch von Lauten und Geräuschen. Dieses Interaktionsmuster vermittelt dem Kind die Grundbegriffe dessen, was das »abwechselnd an der Reihe sein« angeht, und wie es in der Zukunft seine Unterhaltung mit anderen Menschen gestaltet. Letztlich ist dieser einfache, spielerische Austausch zwischen Mutter und Kind ein wesentliches Fundament für alle späteren zwischenmenschlichen Interaktionen.

Joey hat außerdem bereits ein Gefühl davon entwickelt wie es ist, selbst aktiv zu werden, um ein bestimmtes Ziel zu erreichen. Als »Handelnder« bewirkt er nicht nur seine eigenen Aktionen, sondern auch deren vorhersehbare Konsequenzen. In einer Kausalkette von Ereignissen empfindet er sich selbst bereits als Handelnden: »Ich rufe sie«, sagt er, »und sie antwortet und kommt zu mir.«

Dieses neue Gefühl von sich selbst als Handelndem entstand etwa im letzten Monat. Wiederholt hat Joey nämlich erlebt, daß auf seine ersten plappernden Laute mit einem Lächeln oder mit Worten geantwortet wurde. Auch beim Daumenlutschen erfährt er eine Antwort: So spürt er durchaus seinen Entschluß (den Wunsch), am Daumen zu lutschen; führt er den Entschluß aus, so merkt er das an den entsprechenden Armbewegungen (der Handlung); die Rückmeldung dieser Handlung erfährt er durch die neue Haltung seines Arms im Raum. Sie sagt ihm, daß die geplante Bewegung durchgeführt wurde (die Ausführung). Das beabsichtigte Resultat seiner Bemühungen kann er schließlich an seinem in den Mund gesteckten Daumen (dem Handlungsziel) merken. Alle diese beinahe gleichzeitig ablaufenden Ereignisse (es sind die Invarianten, von denen ich bereits gesprochen habe) bilden einen einzigen vollständigen Handlungsablauf.

Daß seine Mutter sich als Ausführende von Joey unterscheidet, hat er ebenfalls bemerkt. Meist ist ihm klar, wer innerhalb eines Geschehens der Handelnde ist und wer das Objekt. Als ihm seine, aus ihrem Tagtraum gerade erwachende Mutter spontan zulächelt, ist sie eindeutig die Handelnde und er das Zielobjekt. Lächelt er jedoch etwas später selbst seine Mutter an, um etwas in Bewegung zu setzen, dann geht hier die Initiative ganz klar von ihm allein aus. In dem Moment, wo beide abwechselnd lächelnde Blicke austauschen, faßt Joey dies vermutlich als gemeinsames Auslösen einer Handlung auf. Denn wenn seine Mutter ihr Lächeln auch von sich aus gewollt und ausgeführt hat, so ist er es, der es ihr entlockt. Und wenn er ebenfalls sein eigenes Lächeln zwar selbst gewollt und ausgeführt hat, so wurde es doch letztlich von seiner Mutter ausgelöst. Es gibt viele solcher Augenblicke, in denen eine Handlung gemeinsam eingeleitet oder miteinander ins Leben gerufen wird. Sie bilden die Grundlage für jede nahe Beziehung, jede Bindung an einen anderen Menschen. Unsere Bindungen entstehen überwiegend aus den Erinnerungen, inneren Bildern und Vorstellungen von dem, was sich zwischen uns und dem anderen ereignet und wie wir uns dabei fühlen. Welche Erfahrungen machen wir mit ihm, im Gegensatz zu allen anderen Menschen? Welche Handlungen, Gefühle, Gedanken, Wünsche und Experimente können wir wagen – jedoch nur in der Gegenwart dieses anderen? Was können wir mit Hilfe des anderen leisten? Welche Teile unseres Ich können nur dann lebendig werden, wenn der andere uns seine Aufmerksamkeit schenkt?

»Plötzlich dreht sich der Wind.« Joeys Mutter verhält sich unvermittelt anders; anstatt wie vorher einfach sein Lächeln zu erwidern, geht sie nun einen Schritt weiter. Sie durchbricht den gegenseitigen Austausch lächelnder Blicke, um den Kontakt dramatisch umzugestalten. Fast alle Mütter greifen zur Intensivierung des Kontakts zu ihrem Kind zum gleichen Mittel wie Joeys Mutter. Sie verziehen das Gesicht zu einem Ausdruck gespielter Überraschung, was tatsächlich hervorragend als Reiz für das Kind geeignet ist. Dieses Spiel macht im übrigen der Mutter meist großen Spaß. Sie wirft dabei ihren Kopf in den Nacken (»... kippt die Welt ihres Gesichts nach oben«), zieht die Augenbrauen hoch, reißt die Augen weit auf und öffnet den Mund (»neue Räume öffnen sich«). Dabei beugt sie ihr Gesicht nahe über das ihres Kindes. Ihre koordinierten Bewegungen erscheinen Joey wie eine »kräftig-frische Brise«, die auf ihn zufließt. Das Crescendo ihrer komischglucksenden Laute und ihres gespielt erstaunten Ausdrucks erlebt Joey als das anschwellende Lied der »Brise«, das ihn einhüllt.

Die Wirkung eines solchen mütterlichen Vorgehens ist nicht selten dramatisch, da es für das Kind tatsächlich einen starken Reiz bedeutet. Je stärker der Reiz, desto mehr steigt natürlich seine Erregung. Die direkte Beziehung zwischen der äußeren (von der Mutter ausgelösten) Reizintensität und der im Kind hervorgerufenen Erregung stellt ein generelles Prinzip der Interaktion zwischen Mutter und Kind dar. In unserem Fall verläßt Joeys Mutter das ausgewogene Erregungsniveau ihres lächelnden Blickaustauschs. Wenn sie sich mit gespielter Überraschung scherzhaft glucksend zu ihm hinbeugt, steigert sie die Spannung so, daß Joeys Erregungsniveau rapide in die Höhe schnellt. Ihm bleibt weiter nichts zu tun, als die verstärkten Aufmunterungsversuche seiner Mutter auf den Tasten seines äußerst empfänglichen Nervensystems spielen zu lassen: »... gleite ich in schwerelosem Entzücken rasch zu ihr hin«.

Dabei ist der gespielt überraschte Gesichtsausdruck seiner Mutter lediglich das Vorspiel zu einem anderen wunderbaren Spiel, bei dem keine lächelnden Blicke, sondern Nasenstüber ausgetauscht werden! Bei diesem aufregenden Spiel stupst sie, während sie sich mit blitzenden Augen und glucksender Stimme theatralisch zu ihm vorbeugt, seine winzige Nase mit ihrer eigenen an. Dann beugt sie sich wieder zurück und legt zur Vorbereitung des nächsten Vorstoßes eine spannungsgeladene Pause ein. Dreimal hintereinander spielen sie beide dieses aufregende Spiel, bei dem sie sich jählings zu ihm vorbeugt. Von Mal zu Mal fällt ihre Animation dramatischer und aufregender aus. Solche Spiele werden übrigens mit allen Säuglingen auf der ganzen Welt gespielt. Da gibt es beispielsweise das jedem Erwachsenen aus seiner eigenen Kindheit vertraute »Backe-Backe Kuchen«, und manche erinnern sich vielleicht auch an »Da ist der Daumen, der schüttelt die Pflaumen«, oder auch an »Da kommt die Maus, will in ihr Haus«. Es handelt sich dabei nicht um Spiele im eigentlichen Sinne, sondern um Abläufe, die meist einem interessanten, verschlungenen Muster folgen. Sie sollen einfach nur Spaß machen, werden jedoch nach bestimmten Regeln durchgeführt.

Die einzelnen Spielzüge müssen einerseits so anregend sein, daß das Interesse des Kindes wachgehalten wird; andererseits sollten sie weder so aufregend sein, daß sie das Kind überfordern, noch so fade, daß es sich langweilt. Es gilt demnach, für eine optimale Reizintensität zu sorgen, bei der das Kind ausgelassen und vergnügt sein kann. Dies ist allerdings nicht ganz einfach, da Kinder auf Wiederholungen sehr rasch mit Gewöhnung reagieren und sich langweilen. Eine Mutter kann deshalb nicht immer wieder die gleichen Spielzüge wiederholen, sondern muß sie jedesmal etwas variieren. Ganz intuitiv macht sie so aus dem einfachen Spiel ein Thema mit Variationen, verhindert den Gewöhnungseffekt und hält das Interesse des Kindes wach.

Joeys Mutter tut das ohne nachzudenken, denn dieses Verhalten gehört zu ihrem »intuitiven« mütterlichen Repertoire. Es gibt erstaunlich viele Dinge, die Eltern normalerweise ganz intuitiv wissen. So ändern fast alle automatisch ihre Sprechweise, wenn sie mit einem Baby sprechen. Dazu heben sie ihre Stimme, verlangsamen den Sprachrhythmus und betonen in einer Art Singsang mehr den Klang ihrer Worte. Harte Konsonanten werden häufig abgeschwächt, so daß die entsprechenden Worte weicher klingen. So klingt »Wauwau« weicher als »Hund«, und »Miau« eingängiger als »Katze«. Eltern tun das völlig unbewußt, ohne daß es ihnen zuvor jemand gesagt hätte, und sogar vier- bis fünfjährige Kinder ohne jüngere Geschwister sprechen auf diese Weise mit Babys. Ein solches Verhalten läuft aber nicht nur intuitiv ab, sondern erfüllt wahrscheinlich eine biologische Funktion. Säuglinge mögen es nämlich ausgesprochen gerne, wenn sie in einer höheren Stimmlage klangvoll und melodiös angesprochen werden, wobei der Sprechrhythmus nicht zu schnell sein sollte, und die verwendeten Worte weiche Konsonanten enthalten sollen. Offensichtlich hat hier der Evolutionsprozeß das elterliche Verhalten so geprägt, daß es sich den auditiven Vorlieben des Kindes anpaßt.

Eltern verhalten sich auch dann intuitiv, wenn sie aus einem Spiel ein Thema mit Variationen machen, um das Erregungsniveau ihres Kindes optimal steuern zu können. Nichts anderes will Joeys Mutter nämlich erreichen, wenn sie bei jeder Variation ihres »Nasenstüber-Spiels« etwas mehr übertreibt.

Man hat den Eindruck, daß manche Babys genau wie Joey Spiele lieben, die sie nahe an die obere Toleranzschwelle ihres Erregungsniveaus bringen – vergleichbar vielleicht Erwachsenen, die gern mit der Gefahr spielen. Beim Nasenstüber-Spiel empfindet Joey jedesmal, wenn sich seine Mutter mit spielerischen Lauten seinem Gesicht nähert, einen erfrischenden Windstoß. Gelingt es ihm, standzuhalten und sich von diesem Wind tragen zu lassen, so ist der Kitzel des schnellen Umherwirbelns dabei unbeschreiblich. Beim ersten Mal ist das der Fall, beim zweiten Mal auch noch, wenn auch nicht mehr ganz so ungetrübt. Noch nicht wieder ganz im Gleichgewicht nach diesem zweiten Vorstoß, trifft ihn dann beim dritten Mal die volle Wucht ihres erneuten »Angriffs«. Seine Aufregung hat sich noch nicht gelegt, und so wird er mit diesem zusätzlichen Reiz nicht mehr fertig: »Sie schüttelt mich durch und durch.« Er ist von dem Reiz überfordert. Sein optimaler Erregungspegel ist überschritten, und er ist in Gefahr, von seiner Angst überschwemmt und aufgelöst zu werden.

Wird Joey überstimuliert, dann gibt es für ihn einige einfache Möglichkeiten, um einer Katastrophe zu entgehen. Am leichtesten ist es, Kopf und Augen von seiner Mutter abzuwenden, was er schließlich auch tut, »dann drehe ich ab und wende dem Wind meinen Rücken zu«. Damit erreicht er dreierlei: Erstens entzieht er sich einer direkten Beeinflussung durch die Reizquelle dadurch, daß er sie nicht mehr sieht. Zweitens kann er nun seinen Betrachtungsgegenstand selbst bestimmen. Vermutlich wählt er sich nun ein weniger aufregendes Objekt aus, damit sein Erregungspegel und seine Herzfrequenz wieder ein einigermaßen erträgliches Niveau erreichen: »Ganz allein gleite ich nun in stille Gewässer.« Hier beruhigt er sich nun soweit, daß er sich erneut für eine Stimulation von außen öffnen kann. Schließlich sendet er Signale an seine Mutter, die ihr sagen, was als nächstes zu tun ist, und diese werden auch von ihr aufgenommen. Auf diese Form konstanter Rückmeldung sind Eltern und Bezugspersonen dringend angewiesen, weil sie nur so wissen, wie sie sich dem Kind gegenüber am besten verhalten. Ob sie »gute« Eltern sind, hängt weitgehend von ihrer Fähigkeit ab, ihr Verhalten dem ihres Kindes anzupassen.

In Joeys Leben wird es nicht das erste und das letzte Mal sein, daß seine Mutter ihn mit Reizen überfordert. Das geschieht zwangsläufig in jeder lebendigen Eltern-Kind-Beziehung, da man unvermeidlich immer wieder an Grenzen stößt. Grenzen, die nicht zuvor abgetastet wurden, lassen sich jedoch letztlich auch nicht überschreiten! Diese unvermeidlichen Fehler von Eltern sind demnach nicht nur notwendig, sondern potentiell von großem Wert! Sie helfen dem Kind, seine eigene Art des Umgangs mit einer Vielzahl von Erfahrungen und Menschen zu entwickeln. Auch Joey hat gerade eine beachtliche Leistung vollbracht, indem er sein Problem mit der Überstimulation und Aufregung ganz allein gemeistert hat. Außerdem hinterließ die falsche Einschätzung seiner oberen Toleranzgrenze kein schlimmes Trauma bei ihm, so daß er sich nach kurzer Pause wieder neu auf seine Mutter einlassen kann. Allerdings wird er nur auf eine sehr sanfte Aufforderung reagieren, die ihn nicht allzusehr stimuliert. Intuitiv hat seine Mutter das Vorgefallene erfaßt. Sie macht eine angemessene Pause und wendet sich ihm flüsternd und mit einem lieben Lächeln erneut zu. Weil er sich jetzt wieder gefangen hat, kann er sich ihr erneut öffnen. Ihre Aufforderung spürt er deshalb als »weichen Hauch« an seinem Kopf und ihr Lächeln als »gekräuselte Wellen«, die ihn ermuntern, ins »Hier und Jetzt zwischen dir und mir« zurückzukehren. Da beide genau wissen, wie sie dem anderen Signale zusenden und ihr eigenes Verhalten anpassen können, werden sie bald den abgebrochenen Dialog wieder aufnehmen und ein anderes Improvisationsspiel beginnen.

## 6. Raumzeitströme – Mittag

Später an diesem Sonntagmorgen wird Joey von seinem Vater zu einem Brunch bei Freunden in der Nachbarschaft mitgenommen. Seine Mutter kommt später nach. Sein Vater trägt ihn seitlich auf der Hüfte. Es sind bereits mehrere Gäste anwesend, Joeys Vater geht herum und begrüßt sie mit Joey auf dem Arm. Die Gäste bewegen sich hin und her, setzen sich und halten dabei Kaffeetassen und Teller mit Essen in den Händen. Sein Vater setzt sich in einen Sessel und nimmt Joey so auf den Schoß, daß dieser in den Raum mit den anwesenden Menschen hineinschauen kann. Die Gäste plaudern. Manchmal scheint Joey vage auf den Fluß der Unterhaltung zu horchen, dann wieder schaut er auf das Fenster am gegenüberliegenden Ende des Raums. Manchmal wandert seine Aufmerksamkeit nur frei im Zimmer herum. Einer der Gäste erzählt etwas Lustiges. Die andern lachen. Eine Frau in einem anderen Teil des Raums bricht in abruptes, schrilles Lachen aus. Joey wendet sich rasch in ihre Richtung, lehnt sich aber bald wieder entspannt an seinen Vater.

*Ich reite mit Papa durch die Luft...*
*Wir kommen an einen Ort, wo Menschen und Dinge sich in alle Richtungen bewegen. Jeder Planet, Mond und Komet folgt seinem eigenen Kurs zu einem unbekannten Ziel. Und jeder bewegt sich mit seiner eigenen Geschwindigkeit und in seiner eigenen Zeit...*
*Wir halten an und kommen zur Ruhe...*
*Um uns herum fließt Musik von einer Person zur anderen.*

*Auch Papa stimmt in die Musik ein. Sie vibriert gegen meinen*
*Rücken. Er strömt sie aus und sie fließt davon, irgendwohin…*
*Ich steige und sinke mit der sanften Brandung seines Atems…*
*Dort drüben ist ein Rahmen. In ihm ist ein intensives, warmes*
*Leuchten. Wenn jemand daran vorbeigeht, wird die Intensi-*
*tät des Rahmens leer und füllt sich dann rasch wieder. Das*
*intensiv-warme Leuchten morgens in meinem Zimmer zu*
*Hause bewegt sich langsamer…*
*Die Musik ist wieder da und schwillt an. Sie eilt durch den*
*Raum und zerbirst im Gesicht einer Frau. Mein Kopf wird zu*
*ihr herumgerissen…*
*Papa nimmt mich fester in den Arm, und ich fühle mich gleich*
*besser.*

Wenn wir uns im Raum fortbewegen, ist es für uns Erwachsene selbstverständlich, daß wir alle Dinge unserer Umgebung in Form eines scheinbaren visuellen Fließens wahrnehmen. Wenn Sie zum Beispiel ein Zimmer betreten und zu
jemandem am anderen Ende des Raums hinübergehen (wie
dies Joeys Vater tut), werden sich zwischen Ihnen und der
anderen Person alle Menschen, Tische und Lampen links von
Ihnen scheinbar in Ihre Richtung bewegen und links an Ihnen
vorübergleiten, und alle Dinge rechts von Ihnen und dem anderen bewegen sich scheinbar auf Sie zu und gleiten rechts an
Ihnen vorüber. In visueller Hinsicht entstehen beim Vor-
wärtsgehen zwei breite Raumströme rechts und links von Ihnen, die sich in Ihrem Zielpunkt teilen und an beiden Seiten
um Sie herumfließen. Die Person, auf die Sie zusteuern, ist
nicht Bestandteil dieses visuellen Flusses. Sie ist der ruhende
Punkt, so wie der Fluchtpunkt in einem Gemälde mit tradi-
tioneller perspektivischer Darstellung. Ihre Bewegungen geben dem Raum um Sie herum eine kohärente Struktur.

Als Joeys Vater den Raum betritt und durchquert, um jemanden zu begrüßen, erlebt er das durch seine Bewegung
ausgelöste visuelle Fließen des Raums um sich herum als völlig selbstverständlich. Joey wird zwar von seinem Vater durch

den Raum getragen, erlebt die gemeinsame Bewegung jedoch ganz anders als dieser. Daß Joey nicht in der Lage ist, den Raum als visuelle Ströme zu beiden Seiten zu erfahren, liegt daran, daß er sich noch niemals aus eigener Kraft im Raum bewegt hat. Joey wird erst etwa drei bis fünf Monate später anfangen zu krabbeln und erst nach sechs bis neun Monaten selbst zu laufen beginnen. Bisher wurden alle Bewegungen, die seine Position im Raum veränderten, von anderen ausgelöst. Es scheint, daß das menschliche Sehvermögen erst auf der Grundlage der Erfahrung selbstverursachter Bewegung in der Lage ist, Raum als visuelles Fließen zu erleben. Es handelt sich insofern um eine erlernte Fertigkeit auf der Basis einer aktiven motorischen Erfahrung.

So erlebt Joey noch nicht den durch gerichtete visuelle Ströme strukturierten Raum. Für ihn ist die Welt deshalb relativ chaotisch. Hier nimmt er Menschen und Objekte als Planeten, Monde oder Kometen wahr, die sich »in alle Richtungen bewegen«, jeder folgt »seinem eigenen Kurs« und bewegt sich »mit seiner eigenen Geschwindigkeit und in seiner eigenen Zeit«. Für Joey bleibt das Fließen des Raums strukturlos. Allerdings hat diese System- und Kohärenzlosigkeit für ihn nichts Erschreckendes, denn es gibt für ihn nichts Bekanntes, mit dem sie kollidieren könnte. So ist die Welt jetzt nun einmal.

Bis zu dem Zeitpunkt, zu dem sie krabbeln oder laufen können, scheinen die meisten Kleinkinder sich gern von anderen durch den Raum bewegen zu lassen, oft in einer für uns völlig undenkbaren Weise. Beispielsweise werden Babys auf dem Rücken liegend mit dem Gesicht nach oben rückwärts in einem Kinderwagen geschoben, dessen Verdeck ihr Gesichtsfeld zur Hälfte abschneidet. An der nächsten Ecke aber wird der Kinderwagen herumgedreht und das Kind wird plötzlich vorwärts gefahren. Ein paar Minuten später, wenn die Sonne hinter Wolken verschwindet und das Licht nicht mehr so grell ist, wird das Verdeck heruntergeklappt, so daß mit einem Mal ein weit größerer Ausschnitt der vorbeigleitenden Umgebung sichtbar ist. Kleinkinder nehmen solche Veränderungen hin, weil sie noch nicht in so starkem Maße wie später bevorzugte Seh- oder Gleichgewichtsgewohnheiten bei Bewegungen im Raum stören.

Joey weiß natürlich ganz genau, daß er sich bewegt. Obgleich die passive Bewegung den Raum um ihn herum noch nicht strukturiert, nimmt sein hervorragend funktionierender Gleichgewichtssinn wahr, wann er sich bewegt und wann sein Vater und er anhalten. Nachdem sich die beiden in dem Sessel niedergelassen haben, hat Joey einen neuen Bezugspunkt: die Bewegungslosigkeit, mit der er bereits völlig vertraut ist.

In Joeys Zeiterleben gibt es zum einen die Uhrzeit, zum anderen aber auch die subjektive Zeit. Die Uhrzeit bewegt sich stetig in gleichbleibenden Abständen immer nach vorn. Sie hält niemals an. Die subjektive Zeit kann sich dagegen in die Vergangenheit verlagern und Ereignisse noch einmal in der Erinnerung ablaufen lassen. Sie bewegt sich mit variabler Geschwindigkeit, manchmal schneller, manchmal langsamer. Oft bilden sich in der subjektiven Zeit Lücken, als hätte die Uhr unbemerkt angehalten und erst später wieder zu ticken begonnen. Erleben Kinder die subjektive Zeit ebenso wie Erwachsene? Das größte Problem dabei stellt die Tatsache dar, daß es nicht einmal klar ist, wie wir Erwachsenen den Ablauf subjektiver Zeit erleben. Während ich beispielsweise heute morgen dabei war, diesen Abschnitt zu schreiben, klingelte das Telefon. Ich lief schnell zum Apparat, damit meine Frau nicht geweckt würde. Während ich im Flur stand und telefonierte, hielt ich noch immer meinen Füllhalter offen in der Hand. Am Apparat war mein Freund Tom. Er wollte mir sagen, daß er mich nicht wie geplant abholen könne, sondern sich mit mir in einer Dreiviertelstunde am Bahnhof treffen wolle, um in die Stadt zu fahren. Während er mir dies sagte, sah ich ihn vor meinem geistigen Auge am Bahnhof die Treppe herunterkommen und auf die Stelle auf dem Bahnsteig zugehen, wo ich stehen würde. Ich war etwas verärgert, daß er auch dazu noch zu spät kommen würde. Nach einer

Lücke, in der mir nicht bewußt ist, was ich getan habe oder was Tom gesagt hat, befürchtete ich, meine Frau durch meine Stimme zu wecken. Während ich dies dachte, stellte ich sie mir in ihrem Bett liegend vor, als würde ich im Schlafzimmer stehen oder in der Luft über ihr schweben. Dann hatte ich noch eine Lücke, ich erinnere mich dann wieder, daß ich das Muster des Fußbodens betrachtete. Ich erinnere mich sonst an nichts, bis ich wieder in meinem Arbeitszimmer war und Sachen in meine Aktentasche packte. Ich kann mich nicht daran erinnern, das Telefongespräch beendet zu haben und in mein Arbeitszimmer zurückgegangen zu sein, aber ich muß offenbar beides getan haben.

Diese Rückbesinnung auf eine kürzliche Begebenheit verdeutlicht, wie man die subjektive Zeit erlebt, wenn man alltägliche Dinge erledigt, die unsere Aufmerksamkeit weder durch Ereignisse von besonderer Wichtigkeit noch durch starke Emotionen fesseln. Der von mir skizzierte Ablauf enthält einige überraschende Elemente. Erstens weist die subjektive Zeit Brüche auf: Ihr Fluß ist voller Lücken, wo mein Bewußtsein von ihrem Fließen aussetzt und plötzlich weiter »stromabwärts« in der »realen«, objektiven Zeit wieder auftaucht. Zum zweiten kann man sich in zwei Zeitrahmen zugleich bewegen, und zwar in meinem Beispiel, während ich in einem bestimmten Moment mit dem Füller in der Hand telefonierte und zugleich meinen Freund auf dem Bahnsteig »vor mir sah«, was erst etwa eine Stunde später eintreten sollte. Drittens kann man gleichzeitig an zwei oder drei verschiedenen Orten sein: Während ich im Flur am Telefon stehe, bin ich zugleich am Bahnhof und im Schlafzimmer und sehe meine Frau schlafen (jeder Ort wird dabei mit einem anderen, wechselnden Aufmerksamkeitsniveau »erlebt«). Schließlich kann man Teile eines diskontinuierlichen Handlungsablaufs und verschiedener Zeit- und Ortsrahmen nehmen und sie zu einer mehr oder weniger zusammenhängenden Geschichte verflechten, in der erzählt wird, was zu einem bestimmten Zeitpunkt geschah, zum Beispiel heute morgen. Diese Geschichte wird von einem Thema, untergeordneten Handlungssträngen und all den sinngebenden Elementen, zusammengehalten, die unser tägliches Leben kohärent und verstehbar machen. Ich fülle beispielsweise alle Lücken mit meinem Wissen davon, wie die Wirklichkeit normalerweise aussieht, und brauche mich deshalb nicht an alle Einzelheiten des realen Ablaufs zu erinnern.

Ich könnte aus der Begebenheit zum Beispiel eine Geschichte mit dem Thema »Wie schwierig mein Freund Tom ist« erstellen. Er ruft frühmorgens an, stört mich bei der Arbeit, läßt mich zum Telefon rennen, damit nicht die ganze Familie geweckt wird, ändert unsere Pläne im letzten Moment und wird sogar zur neuen Verabredung zu spät kommen. Wenn man sie so erzählt, scheint die Geschichte eine klare Linie zu haben. Wir tun so, als würde der größte Teil unseres Lebens in dieser Form ablaufen, während in unserem Gehirn in Wirklichkeit viele verschiedene und möglicherweise unzusammenhängende Dinge parallel ablaufen können. Von der großen Zahl psychischer Vorgänge wählen wir diejenigen aus, die es uns ermöglichen, eine kohärente Geschichte unserer gelebten Erfahrungen zu erzählen.

Für Joey weisen Erlebnisse jedoch bisher nur einen lockeren oder gar keinen Zeitbezug auf. In Joeys Sprache folgt deshalb auf jeden deutlicheren Brennpunkt seiner Aufmerksamkeit und jede klar begrenzte Erfahrung eine Pause, in der sich die vermutlich vorliegende Erlebnislücke spiegelt. Joey ist noch nicht alt genug, um fähig oder darauf angewiesen zu sein, eine Sequenz von Erfahrungen zu einem zusammenhängenden Ganzen zu verbinden. Während Erwachsene es als bruchstückhaft und unsystematisch empfinden, wenn sie ihre psychischen Vorgänge nicht in ein einigermaßen verständliches, zusammenhängendes Ganzes einbinden können, nehmen Kinder in Joeys Alter ihre Erfahrungen so hin, wie sie diese von Augenblick zu Augenblick erleben. In diesem Fall hat Joey mindestens acht nur locker miteinander verbundene Einzelerlebnisse: Er wird von seinem Vater getragen; er bewegt sich durch das Zimmer; er hält an und setzt sich; der Unterhaltungsfluß; er läßt sich von der Brandung des väterlichen Atems wiegen; er betrachtet das Fenster und erinnert sich an den morgendlichen Sonnenstrahl in seinem Schlafzimmer; das Lachen der Frau; und das von seinem Vater vermittelte körperliche Gefühl der Geborgenheit. Jede dieser Erfahrungen existiert für sich in ihrem eigenen subjektiven Zeitrahmen.

Wie erlebt Joey seine Erinnerungen an vergangene Ereignisse? Erinnerungen bilden einen zweiten, parallelen Zeitrahmen, indem sie das Damals neben das Heute stellen. Im Alter von viereinhalb Monaten ist Joey gerade alt genug, um an zwei Dinge gleichzeitig zu denken. Warum also kann er nicht auch ein vergangenes und ein gegenwärtiges Ereignis gleichzeitig erleben? Auf der anderen Seite des Raumes sieht Joey das Fenster als »intensives Leuchten«. Wenn jemand am Fenster vorbeigeht und dabei den Lichteinfall unterbricht, wird für Joey »die Intensität des Rahmens leer«. Kann das Licht wieder ungehindert einfallen, ist der Rahmen rasch wieder »gefüllt«. Dieses Fenster, das besonders in einem dunkleren Zimmer ein blendendes, leuchtendes Lichtquadrat bildet, erinnert Joey an den Sonnenstrahl an der Wand neben seinem Bett. Die Erinnerung an den Lichtreflex kehrt als »Bild« in Joeys Gedanken zurück, und er vergleicht dieses mit dem unmittelbar wahrgenommenen Bild des Fensters. Allerdings weiß Joey nicht, daß eines dieser Bilder eine Erinnerung ist. Er hat lediglich zwei verschiedene Arten von Erfahrung.

Joey halluziniert nicht und hat keineswegs den Kontakt mit der Realität verloren. Er verwechselt auch nicht erinnerte und wahrgenommene Bilder. Vielmehr erlebt er zwei verschiedene Arten psychischer Ereignisse zur gleichen Zeit. Weil er das Erinnerungsbild ebenfalls hier und jetzt erlebt, ist es subjektiv für ihn keine Erinnerung, sondern ebenso lebendig wie eine reale Wahrnehmung, wenn auch auf eine andere Art und Weise. Joey geht bei der Entscheidung, was zur Gegenwart gehört, noch mit größerer Toleranz vor, als wir Erwachsenen dies in der Regel tun. So ist für ihn alles gegenwärtig. Im Gegensatz zum kontinuierlichen Zeitablauf, der von Erwachsenen üblicherweise vorausgesetzt wird, besteht Joeys Zeit ausschließlich aus einer mit lebhaftester Vielfalt angefüllten Gegenwart. Er kann die acht Einzelerfahrungen noch nicht in den zusammenhängenden Zeitrahmen einer Geschichte einbinden, wie er es später im Alter von vier Jahren tun wird (siehe Kapitel 5).

Zeit und Raum haben ihre eigenen Gesetze, denen alle Körper, ob menschlich oder nicht, unterliegen. Ich erwähnte schon, daß Joey in diesem Alter vor allem für Menschen und ihre Handlungen offen und begeisterungsfähig ist. Er erfaßt zum Beispiel durchaus den räumlichen Fluß der Unterhaltung, weil die menschliche Stimme ihm sehr viel bedeutet. Dagegen achtet er nicht auf die Geräuschmuster, die entstehen, wenn Kaffeelöffel auf Untertassen klappern, Türen geschlossen oder Stühle über den Fußboden gezogen werden. Alle diese Geräusche entstehen in demselben Raum – und können für ein autistisches Kind viel anziehender sein als menschliche Stimmen.

Joey achtet natürlich nur auf den Geräuschfluß, nicht jedoch auf die einzelnen Worte der Unterhaltung. Es ist, als lausche er dem Verlauf einer Melodie in den verschiedenen Teilen eines Orchesters, von den Streichern über die Holzbläser zu den Blechbläsern und wieder zurück: »Um uns herum fließt Musik von einer Person zur anderen... sie fließt davon.« Weil Joey der Musik, nicht aber den Worten lauscht, ist sein Harmonieempfinden anders als das eines Erwachsenen. Das Lachen der Frau erlebt Joey als grobe Verunstaltung der Musik. Was er noch nicht weiß – was die Erwachsenen aber wissen – ist, daß jemand gerade etwas Lustiges gesagt hat, zu dem ihr Lachen eine verständliche Reaktion darstellt. Andererseits ist ihr Lachen gezwungen und überlaut, aber dies nehmen die Erwachsenen nicht bewußt wahr, wohl aber Joey, denn es bedeutet einen Mißton in seiner Harmonie. Es ist jedenfalls mißtönend genug, um in Joey Schrecken und Bestür-

85

zung auszulösen, als hätte jemand einen Schuß abgefeuert: »Mein Kopf wird zu ihr herumgerissen.« Die Wirkung auf Joey ist so stark, daß sein Vater – vermutlich ohne sich dessen bewußt zu sein – fühlt, daß sein Sohn etwas Rückhalt braucht. Er zieht Joey näher zu sich heran, und das durch den engeren Körperkontakt wiedergewonnene Gleichgewicht hilft ihm, sich »besser zu fühlen« und der Musik weiter zu lauschen.

Die Erwachsenen haben in dieser Situation das Ereignis – das Lachen der Frau – isoliert und in einen sozialen Gesamtkontext als Teil einer Geschichte gestellt. In diesem Kontext ist ihr Lachen angemessen und die Art, wie sie lacht, nur ein untergeordnetes Detail. Nur Joey, der noch ganz im gegenwärtigen Augenblick verhaftet ist, erlebt ihr schrilles Lachen als etwas Besonderes.

Körperkontakt mit seinem Vater, seiner Mutter oder anderen Bezugspersonen muß für Joey Ausdruck eines anderen Raumempfindens sein als das »Dort drüben«. Es handelt sich um einen privilegierten Raum, der den Gesetzen emotionaler Bindungen gehorcht. Reguliert wird in diesem engen Raum nicht Distanz, Gerichtetheit oder Position, sondern Geborgenheit, Trost und Intimität.

In gleicher Weise kann ein Kleinkind auch Zeit unterschiedlich erleben, wenn es in ganz nahem Kontakt mit Vater oder Mutter steht. Wie bereits zuvor in der »wortlosen Zwiesprache« an demselben Morgen ist die Aufmerksamkeit des Kleinkindes von dem aktiven Wechselspiel mit Vater oder Mutter so eingenommen, daß – wenn keine Unterbrechung erfolgt – diese Zeitspanne dem Kind wie ein einziger langer Augenblick in der Gegenwart erscheint. Joeys subjektive Zeit ist hier allerdings anders strukturiert. In diesem Moment besteht zwischen Joey und seinem Vater kein aktives Wechselspiel, zumindest nicht in der Weise, daß Joeys Aufmerksamkeit vollständig davon gefesselt würde. Er kann sie vielmehr frei umherwandern lassen. Deshalb erscheint ihm hier die Zeit bruchstückhafter und weniger kohärent. Demgegenüber hatte in der »wortlosen Zwiesprache« der Kontakt selbst

Joeys geistige Aktivitäten so sehr beeinflußt, daß die Interaktion eine lange Erlebnisspanne kohärent werden ließ. In gewisser Weise können Eltern dadurch, daß sie dem Kind fesselnde Interaktion anbieten, ihm helfen, seine eigenen vielfältigen Erfahrungen zu einer sinnvollen Abfolge anzuordnen.

## Kapitel III

# *Die Welt der Gedanken*

## Joey im Alter von zwölf Monaten

Joey ist dabei, zwei große Entdeckungen zu machen, die miteinander Hand in Hand gehen. Zum einen erkennt er, daß er seine eigene private Gedankenwelt besitzt, also psychische Landschaften, die anderen verborgen bleiben, solange er sie ihnen nicht zu zeigen versucht. Die zweite Entdeckung ist die Möglichkeit, die eigene Gedankenwelt mit einer anderen Person zu teilen. Diese beiden Erkenntnisse stellen fundamentale Entwicklungssprünge dar. Ist er erst in der Lage, sie zu meistern, werden sie seine Auffassung von der menschlichen Wirklichkeit für sein gesamtes Leben bestimmen.

Eine Gedankenwelt enthält Absichten, Wünsche, Gefühle, Interessen, Gedanken, Erinnerungen, also alle Ereignisse, die lebhaft im Innern des einzelnen auftauchen, ohne daß ein anderer sie sehen kann. Diese subjektiven Landschaften bilden die ganz private Wirklichkeit jedes einzelnen ab. Die Innenwelt kann anderen zugänglich und sichtbar gemacht werden – niemals ganz genau, aber doch so, daß zwei Menschen glauben können, an das gleiche zu denken. Dann haben sie eine gemeinsame intersubjektive Gedankenwelt. Außerdem kann die Gedankenwelt einer Person vollständig mit der Frage beschäftigt sein, was in einem anderen vorgeht. Eine solche Intersubjektivität liegt – etwas übersteigert – vor, wenn eine Person zu einer anderen sagt: »Ich weiß, daß du weißt, daß ich dieses oder jenes weiß«, oder: »Ich fühle, daß du fühlst, daß ich dies und das fühle.« Das mag kompliziert klingen, aber es handelt sich um einen unserer grundlegenden Mechanismen im vertrauten Umgang mit einem anderen Menschen.

Wenn ein Baby einmal begonnen hat, in Herz und Geist eines anderen zu lesen, wird von jetzt an sein ganzes Leben vom Wechselspiel der Motive, Gefühle, Wünsche und Absichten bestimmt, also von den verborgenen subjektiven Gedankeninhalten der Menschen.

Woher wissen wir, daß Joey gegen Ende des ersten Lebensjahres diesen großen Entwicklungssprung mit der Entdekkung der Existenz von Gedankenwelten vollzogen hat? Die Anhaltspunkte hierfür liegen auf der Hand. Wenn Joey beispielsweise ein Spielzeug in einem anderen Teil des Raumes sieht und es haben möchte, kann er sich zu seiner Mutter umdrehen, um sich ihre Aufmerksamkeit und Unterstützung zu sichern. Wenn sie in diesem Moment das Spielzeug nicht ansieht, er jedoch möchte, daß sie hinsieht, zeigt er etwa ab dem neunten Lebensmonat mit ausgestrecktem Arm und Zeigefinger auf den gewünschten Gegenstand. Aber er zeigt nicht nur darauf, sondern er blickt an seinem ausgestreckten Arm entlang auf das Spielzeug, dann zurück zu seiner Mutter, dann wieder auf den Gegenstand. Das geht so lange hin und her, bis sie den Kopf zu dem Spielzeug hinwendet.

Die wichtige »Handlung« in diesem Beispiel ist für Joey, die Aufmerksamkeit seiner Mutter zu erregen. Aufmerksamkeit ist ein subjektiver psychischer Zustand, eine geistige Landschaft. Sie drückt sich in einem sichtbaren Verhalten aus, zum Beispiel dem Wenden des Kopfes und des Blickes in eine bestimmte Richtung, welches recht klar einen Teil dessen widerspiegelt, was sich im Innern der Person abspielt. Wichtig ist, daß Joey jetzt nicht mehr nur auf das offensichtliche Verhalten anderer und seiner selbst achtet, also auf die Dinge, die offen und den Sinnen zugänglich sind wie z. B. Gesten, Mimik und Stimme. Er beschäftigt sich jetzt zunehmend mit der psychischen Verfassung und damit der geistigen Landschaft, die sich hinter dem sichtbaren Verhalten verbirgt.

Außerdem hat Joey seit kurzem Interesse an versteckten Gegenständen und verborgenen psychischen Vorgängen entwickelt. Bisher hatte er meist nicht nach einem versteckten

Gegenstand gesucht, sondern sich verhalten, als höre dieser auf zu existieren, sobald er für ihn nicht mehr sichtbar ist. Jetzt beginnt er zu suchen, wenn etwas versteckt wird. Der Gegenstand ist für ihn zwar nicht sichtbar, aber vor seinem geistigen Auge weiterhin vorhanden. Nun können Dinge auch ausschließlich im Geiste existieren. Zum Teil beruht dies darauf, daß Joeys Gedächtnis sich weiterentwickelt hat. Er kann sich jetzt an Dinge oder Vorgänge erinnern, die im Moment nicht präsent sind. Er kann sie aus dem Speicher seiner Erinnerungen abrufen und sie auf seiner geistigen Bühne als Bilder, als imaginäre Landschaften wiedererstehen lassen. In diesem Alter werden Versteckspiele für ihn ungeheuer aufregend, denn auch dabei muß man eine Erinnerung oder Vorstellung von dem haben, was dem Blick verborgen ist. Am beliebtesten sind »Kuckuck«-Spiele in allen Variationen.

Absichten werden jetzt ebenfalls Teil der subjektiven Wirklichkeit. In den Monaten zuvor hat Joey zu handeln begonnen, so als wüßte er, daß er Wünsche und Absichten hat, und daß er sie auf mehr als nur eine Weise anderen mitteilen kann. Er weiß auch, daß ein anderer dieselben oder ähnliche Absichten haben kann wie er. Hält seine Mutter beispielsweise einen Keks in der Hand, und er möchte ihn gern haben, weiß er bereits, wie er ihre Aufmerksamkeit auf sich und seine Wünsche lenken kann. Er streckt den Arm mit geöffneter Hand nach dem Keks aus. Er blickt zwischen Keks, seiner sich öffnenden und schließenden Hand und dem Gesicht seiner Mutter hin und her und gibt seinem Wunsch auch akustisch Ausdruck. Nützt das nichts, findet er einen anderen Weg, um den Inhalt seiner Gedanken so deutlich zu machen, daß seine Mutter ihn erfaßt und ihre eigenen Absichten seinen Wünschen entsprechend ändert. Dazu zieht er zum Beispiel an ihrem Rock, wobei er drängende Laute in ansteigender Tonhöhe von sich gibt und weiter den Keks ansieht. Was er möchte, ist eindeutig: Er möchte, daß sie seine Gedanken liest (in diesem Beispiel ist sie ziemlich schwer von Begriff) und wird notfalls noch verschiedene andere Möglichkeiten ausprobieren, um seine Wünsche zum Ausdruck zu bringen. Wichtig ist, daß sie nur dann angemessen reagieren kann, wenn er sie dazu bringt, ihre Aufmerksamkeit ihm und seiner Gedankenwelt zu widmen.

Eine imaginäre Landschaft kann auch Gefühle enthalten. Wenn Joey etwas Seltsames, Neuartiges zum erstenmal sieht (zum Beispiel einen weinenden Clown), fühlt er wahrscheinlich eine Mischung aus Furcht und Faszination. Für einen Augenblick weiß er vermutlich tatsächlich nicht, für welches Gefühl er sich entscheiden soll. Zwischen dem neunten und zwölften Lebensmonat fängt er an, in solchen Situationen seine Mutter anzuschauen, um zu sehen, wie sie die Sache aufnimmt. Muß man Angst davor haben? Oder kann man mit fröhlicher Neugier darauf zugehen? Zeigt seine Mutter ein zufriedenes, entspanntes Gesicht, wird Joey zuversichtlich das Neue angehen. Ist ihre Miene jedoch beunruhigt, wird Joey zurückschrecken oder sich erregen. Er ist nun in der Lage, den psychischen Gefühlsstatus seiner Mutter zu erforschen und seine eigenen Gefühle daran auszurichten. Wenn ein Kleinkind stürzt und sich nicht besonders wehgetan hat, sondern eher überrascht ist, wird es ebenfalls zunächst das Gesicht der Mutter ansehen und je nach ihrer Reaktion zu weinen oder zu lachen beginnen.

Joey hat das entdeckt, was in der Philosophie als Theorie der getrennten Gedankenwelten bezeichnet wird: Er hat erkannt, daß er und seine Eltern verschiedene Gedankenwelten besitzen, daß sie diese aber auch miteinander teilen können. Diese Entdeckung der Intersubjektivität stellt einen enormen Entwicklungsschritt dar. Von nun an wird er voraussichtlich bis an sein Lebensende menschliche Handlungen zumindest teilweise anhand ihrer psychischen Hintergründe deuten. Er wird auf ein gutes Zusammenspiel zwischen seinen eigenen geistigen Landschaften und denen anderer Menschen achten. Nehmen wir an, ein kleines Mädchen in diesem Alter sieht einen neuen Spielzeug-Lastwagen und ist ganz fasziniert von ihm. Sie blickt ihre Mutter an, um festzustellen, ob diese ihre

Begeisterung für dieses unerhört interessante neue Spielzeug teilt. Nehmen wir weiter an, die Mutter möchte – aus welchen sozialgeschichtlichen Gründen auch immer – daß ihre Tochter mit »Mädchenspielzeug« und nicht mit »Jungenspielzeug« spielt. Das kleine Mädchen lernt bald, daß die Mutter seine Begeisterung nur bei ganz bestimmten Arten von Spielzeug teilt. Wenn es um Lastwagen und ähnliches geht, würde ihre Mutter als moderne Frau natürlich nie »Nein!« sagen oder das Spielzeug sonstwie offen ablehnen. Sie geht dabei subtiler vor. Das Mädchen gewinnt den Eindruck, daß ihr eigenes Gefühl der Begeisterung nicht gerade erwünscht ist, wenn die Mutter nur eine mäßige Freude zeigt, oder – wenn die Mutter ablehnend oder gar nicht reagiert – daß ihr Enthusiasmus überhaupt fehl am Platze ist. Psychische Verfassungen zu teilen oder eben nicht zu teilen ist eine sehr wirksame Methode, das Verhalten einer anderen Person zu formen. In jeder Beziehung zwischen Menschen laufen ähnliche Mechanismen ab. Ehepartner zum Beispiel verhandeln oder streiten ständig darum, welche psychische Verfassung die gemeinsame sein soll und welche demgegenüber die persönliche Eigenart nur eines Partners bleiben muß.

Mit der Möglichkeit, psychische Verfassungen zwischen Menschen in Einklang zu bringen, steigt allerdings auch das Risiko von Fehldeutungen und Mißverständnissen. Zweijährige Babys sind beispielsweise ausgesprochen neugierig und eroberungsfreudig. Wenn sie auf dem Schoß eines Elternteils sitzen, beginnen sie manchmal, seinen Mund, seine Nase oder sogar seine Augen energisch mit dem Finger zu untersuchen. Erlebt der Elternteil dies als eine Form des körperlichen Angriffs oder als Aggressivität, wird er nicht nur selbst wütend reagieren, sondern dem Kind auch Feindseligkeit unterstellen. Meist endet dies dann mit einem Tadel, einem Klaps oder der Zurückweisung des Babys, das sich in Wirklichkeit nur altersgerecht verhalten hat. Das Ergebnis ist ein grobes Mißverständnis zwischen dem Elternteil bzw. dem Betreuer und dem Kind über dessen Motive.

Oft ist das Baby verwirrt über die mangelnde Übereinstimmung der Eltern mit seiner eigenen psychischen Verfassung. Es ist zugleich aufgeregt, verletzt oder verängstigt, wenn es getadelt oder zurückgewiesen wird. In einem solchen Moment versucht das Kind meist, die Erkundung zu wiederholen – um die Verwirrung zu klären, diesmal eine andere Reaktion auszulösen oder auch um überhaupt von dem Elternteil eine weitere Rückmeldung zu bekommen. Da in dem Handeln des Kindes jetzt etwas mehr Bestimmtheit mitschwingt, welche nach wie vor nicht der Hauptbeweggrund sein muß, fühlt sich der Elternteil in seiner ersten (falschen) Annahme bestärkt, nämlich daß das Baby tatsächlich aggressiv gehandelt hatte.

Wiederholen sich derartige Situationen, kann die falsche Deutung der Eltern für das Kleinkind und später für das ältere Kind zur offiziellen Interpretation seines Verhaltens werden. Auf die Eltern gerichtete kindliche Erkundungen können dann leicht tatsächlich einen aggressiven Beigeschmack bekommen, den sie ursprünglich nicht hatten. Auch das Kind selbst kann sich als aggressiv, vielleicht sogar feindselig erleben. Dabei macht es sich die Realität eines anderen zu eigen. Deshalb können Fehler beim Aufbau der Intersubjektivität lebenslange Wahrnehmungs-Verzerrungen zur Folge haben.

Joey macht zu diesem Zeitpunkt deutlichere Unterschiede zwischen Menschen als zuvor. Menschen sehen unterschiedlich aus, ihre Stimmen klingen anders und, was das Wichtigste ist, sie rufen in ihm unterschiedliche Gefühle hervor. Einmal gibt es die Welt der Fremden, der er argwöhnisch gegenübersteht. Dann gibt es die Welt der vertrauten Menschen. Und vor allem gibt es mehr und mehr die Welt seiner ersten, wichtigsten Bezugsperson, in diesem Fall seiner Mutter. Man könnte glauben, daß seine Mutter unmittelbar nach der Geburt für ihn am wichtigsten ist und er zu diesem Zeitpunkt eine ganz besondere Beziehung zu ihr hat. Was die Befriedigung seiner körperlichen Bedürfnisse angeht, trifft das auch zu. Ihre emotionale Bedeutung in Joeys Gedankenwelt hat sie jedoch erst in den letzten Monaten vollständig entfaltet. Er hat ein Gefühl dafür entwickelt, daß er sie braucht. Seine Bindung an seine Mutter wird ihm immer bewußter, das bedeutet jedoch nicht, daß sie in jedem Fall auch enger wird. Die Verlagerung seines Bedürfnisses nach körperlicher Befriedigung (durch das Füttern) zum Verlangen nach emotionaler Regulation (durch das Gefühl der Geborgenheit) durch sie spiegelt sich in seiner Bindung an seine Mutter. Er beginnt zu weinen, wenn sie aus dem Zimmer geht, und er versucht sie zurückzuhalten. In ihrer Abwesenheit fühlt er sich nicht wohl, manchmal nur vorübergehend, manchmal aber für längere Zeit. Selbst wenn sie nicht bei ihm ist, bleibt sie weiterhin Teil seiner persönlichen psychischen Landschaft. Ist sie da, ist ihre emotionale Ansprechbarkeit, also ihre eigene subjektive psychische Verfassung, für ihn von größter Wichtigkeit. Joeys Bindung an seine Mutter hat sich im Grunde nicht verändert. Sie war von Geburt an vorhanden und wird sich weiter entwickeln. Allerdings kann er jetzt diese Bindung selbst erleben und sich mit neu erworbenen Verhaltensformen und Strategien auf sie einstellen. Wenn seine Mutter regelmäßig arbeiten ginge, würde er natürlich die gleiche Bindung nicht nur zu ihr, sondern auch zu der Person entwickeln, die ihn tagsüber betreut.

Schließlich hat Joey vor etwa einem Monat zu laufen begonnen. Diese herrliche neue Fertigkeit hilft ihm ebenfalls dabei, die Veränderungen seiner Weltsicht zu festigen. Sie eröffnet ihm einen größeren Raumausschnitt, in dem er lernen kann, mit seinen Absichten, Wünschen, Zielen und Gefühlen umzugehen. Indem er sich durch den Raum bewegt – was er tut, seit er krabbeln kann –, ist es ihm auch möglich, denselben Gegenstand aus verschiedenen Blickwinkeln zu betrachten. Er kann beispielsweise einen Stuhl von vorn sehen. Geht er dann rechts um ihn herum, sieht er ihn von der Seite, wenn er darunter hindurchkrabbelt, von unten, oder von oben, wenn er sich daran hochzieht und zum Stehen kommt. Ein physischer Perspektivenwechsel ist wesentliche Voraussetzung, um im Verhältnis zu den eigenen Erfahrungen eine Vorstellung von den psychischen Vorgängen in einer anderen Person zu erlangen. Die Fähigkeit, den räumlichen Blickwinkel durch Bewegung zu verändern, wird Joey später auch dabei helfen, seinen psychischen Blickwinkel zu verändern, indem er versucht, sich in eine andere Person hineinzuversetzen.

Im Alter von zwölf Monaten hat Joey eine neue Welt betreten, deren Dreh- und Angelpunkt sich von den sichtbaren physischen Ereignissen im Hier und Jetzt zu verborgenen, subjektiven psychischen Erfahrungen in Vergangenheit, Gegenwart und naher Zukunft verlagert hat. In den beiden folgenden Kapiteln erlebt er die Welt der Gedanken und der verfeinerten Bindungen anhand zweier verschiedener Erlebnisse an ein und demselben Vormittag: bei einem Aufenthalt in einem Bahnhof und später zu Hause, als er ein Spielzeug wiederfindet, das er vorübergehend verloren hatte.

# 7. Auf großer Fahrt – 10.30 Uhr morgens

Joey ist mit seiner Mutter in den großen Wartesaal eines Bahnhofs gegangen. Nach einer Weile entfernt er sich von ihr, trifft ein kleines Mädchen, verirrt sich, bekommt Angst und findet zu seiner Mutter zurück. Sie nimmt ihn in den Arm und tröstet ihn.

*Wir sind in einem seltsamen, riesigen Raum. Nach allen Richtungen ist Mami die einzige vertraute Insel. Sie kenne ich in- und auswendig, aber das, was um uns herum ist, möchte ich gern erkunden. So umkreise ich ihre äußersten Klippen. Ohne hinzusehen, bleibe ich mit ihr in Kontakt durch die Berührung, den Geruch, die Erinnerung. Ich folge ihren Umrissen, um aus verschiedenen Winkeln nach außen zu sehen. Das Außen ruft mich sanft drängend von ihr fort. Noch bleibe ich jedoch an ihren Küsten und lasse vor meinem inneren Auge eine Landkarte erstehen, darin ist sie der sichere Hafen mitten im Zentrum. Das Außen zieht mich immer stärker an.*

*Jetzt bin ich bereit, den Kontakt mit ihr zu unterbrechen. Ich trete hinaus in den offenen Raum. Zuerst läßt es mir den Atem stocken. Ich treibe schwankend dahin. Dann kann ich wieder atmen. Ich blicke über die Lagune zu ihr zurück, bevor ich anfange mich vorwärts zu bewegen. Langsam stehle ich mich davon. Aber ich steuere mein Boot nach Mamis Gegenwart. Wenn ich über die Lagune zu ihr zurückblicke, ist sie der Stern, nach dem ich meinen Kurs ausrichte. Selbst wenn ich sie nicht ansehe, erreichen mich die gebogenen Linien ihres*

*Kraftfeldes, die sich im Raum ausbreiten. Ich kann mich an
ihren Anziehungsstrahlen entlangebewegen.*

*Jetzt bin ich weiter draußen im Raum und gleite mühelos
voran. Ich vollführe Bögen und weite Schwünge. Ich gleiche
Kräfte aus, um anzuhalten. Ich befehle Starts und führe sie
aus. Ich treibe auf meinen eigenen Bewegungen. Dann verliere ich die Kontrolle über sie, und sie treiben mich. Meine
Bewegungen und ich halten abwechselnd das Steuer. Aber immer wenn ich mich bewege, führen ihr weithin leuchtender
Stern und die unsichtbaren Linien ihres Kraftfeldes mich sicher auf meiner Fahrt.*

*Ich nähere mich Menschen und steuere um sie herum. Auch
sie krümmen den Raum, wie es meine Mutter tut, aber in
die entgegengesetzte Richtung. Sie senden unsichtbare Kraftlinien aus, die mich auf Distanz halten und um sie herumfüh-
ren. Ich gleite an ihnen vorbei, ohne ihnen auch nur nahezukommen. Jetzt sehe ich etwas Neues. Ein anderes Baby begibt
sich ebenso wie ich auf große Fahrt. Sie hat die gleiche besondere Vitalität, wie ich sie fühle. Aber sie krümmt den Raum
nicht um sich herum, sie stößt mich nicht ab. Ich kann ganz
nah an sie herangehen und sie erkunden und berühren. Plötzlich hebt jemand sie hoch und reißt sie fort.*

*Da bin ich plötzlich verirrt. Ich kann Mamis Stern nirgends
finden, und ihre Kraftlinien sind ganz schwach geworden.
Der Raum um mich wird immer riesiger, er wird grenzenlos.
Nichts hält mich mehr. Ich löse mich auf wie Salzkörner in
einem Raumozean. Ich bekomme Panik.*

*Ich rufe ihr zu. Sie ist irgendwo in meiner Nähe, aber ich kann
sie nicht sehen. Ganz schwach fühle ich ihre Anziehungskraft,
aber ich kann sie nicht berühren. Ich stoße wieder einen Schrei
aus, der blindlings nach dem Echo einer ihrer unsichtbaren
Kraftlinien tastet. Mein Schrei trifft und klammert sich fest.
Ich höre ihre Antwort und fühle sie ziehen. Ihr Ruf ist, als
schlüge ein Hammer auf einen durchsichtigen Eisblock. Wo er
auftrifft, entsteht ein Spitzenmuster, dessen weiße Bruchrillen
und Flächen den Raum neu ordnen. Ebenso wird meine Welt*

*durch ihre Stimme neu gestaltet. Ich bewege mich in dem Linienmuster wie auf einer Landkarte und finde so zu dem Punkt zurück, wo der Hammer aufgeschlagen ist, zu ihrer Stimme, zu ihr.*

*In ihrer Nähe, im sicheren Hafen, gleitet die Panik an meiner Haut über Brust und Nacken wieder ab. Die Beruhigung beginnt an der Oberfläche und fließt nach innen. Ich folge ihrem Weg nach innen und finde mich wieder. Der Sog ihrer Anwesenheit läßt alle Teile von mir aus dem freien Raum zurückkehren. Den Linien ihrer Berührung folgend finde ich zurück zu meiner Abgegrenztheit.*

*Ich fühle, wie die Ruhe in mich einsinkt. Allmählich nehme ich auch wieder die riesigen Räume um uns wahr. Von ferne höre ich, wie sie mich wieder fortrufen.*

Ein Kleinkind fühlt sich körperlich und psychisch zu seiner Mutter hingezogen. Diese Bindung ist eines der deutlicher ausgeprägten, notwendigen Elemente der sozialen Interaktion zwischen Kind und Eltern und wird vor allem dann sichtbar, wenn es zu laufen beginnt. Joey kann seit etwa einem Monat laufen und ist damit nun in der Lage, sich von seiner Mutter zu entfernen – natürlich noch auf sehr unsicheren Beinen – um dann zu ihr zurückzugehen oder notfalls auf allen Vieren zu ihr zurückzueilen. Die Kraft, die ihn zu ihr zurückzieht und ihn in ihrer Nähe festhält, nennt man das Bindungssystem (*attachment system*). Im Gegensatz dazu steht Joeys Neugier auf die Welt, die ihn immer wieder dazu treibt, seine Umgebung zu erkunden, das sogenannte Erkundungssystem (*exploratory system*).

Zwischen beiden Verhaltenssystemen, die häufig miteinander konkurrieren, ist Joey gefangen. Entfernt er sich zu weit von seiner Mutter oder befindet er sich an einem unbekannten Ort, wie in diesem Fall in dem großen Wartesaal, ist sein Bindungssystem aktiviert, so daß er nahe bei ihr bleibt. In ihrer Nähe fühlt er sich zunehmend sicher, dadurch wird sein Bindungsbedürfnis abgeschwächt. Er beginnt sich für die Reize der Welt jenseits von ihr zu interessieren. Sobald sie sein Erkundungssystem genügend aktiviert haben, begibt er sich auf eine kurze Entdeckungsreise: auf »große Fahrt«. Sie dauert an, bis aus irgendeinem Grund – beispielsweise, wenn er sich zu weit entfernt hat – sein Bindungssystem erneut wach wird und das Erkundungsverhalten übertönt: Schon kehrt er zurück.

Beide Tendenzen sind für Joey unabdingbar und wesentlich. Er braucht etwas, das ihn hinaus in die Welt zieht. Ohne den Antrieb seiner eigenen Neugier und das Bedürfnis, Neues zu erkunden, würde er niemals seiner Mutter von der Seite weichen und natürlich auf eigene Faust nichts über die Außenwelt in Erfahrung bringen. Aber auch die entgegengesetzte Tendenz, der innere Drang, nach seiner Mutter zu suchen, zu ihr zu gehen und sie festzuhalten, ist für ihn notwendig. Ohne diesen Sog wäre er den Gefahren der Außenwelt praktisch schutzlos ausgeliefert, er hätte keine Möglichkeit, wiedergefunden zu werden, wenn er verlorengeht, nicht die Geborgenheit des »sicheren Hafens«. Vor diesem Hintergrund können wir uns nun die Geschichte noch einmal ansehen.

Joey befindet sich in »einem seltsamen, riesigen Raum«, in dem seine Mutter »nach allen Richtungen (...) die einzige vertraute Insel« ist. Der Wartesaal ist vollkommen neu für Joey. Er hat keine Geschichte. Sofort wird sein Bindungssystem alarmiert. Seine Mutter in ihrer körperlichen Anwesenheit wird für ihn noch wichtiger als sonst. Ohne irgendeine geistige Landkarte, an die er sich halten könnte, versucht Joey, sich in diesem riesigen, unbekannten Raum zu orientieren.

Zu Hause kennt sich der jetzt einjährige Joey in den einzelnen Teilen der Wohnung schon gut aus – im Wohnzimmer, Schlafzimmer, Bad und so weiter. Und er weiß, was sich aller Wahrscheinlichkeit nach in diesen Räumen abspielt. Sein Bindungssystem befindet sich in dieser vertrauten Umgebung im Ruhezustand. In diesem Wartesaal hingegen ist seine Mutter das einzige bekannte Element. Während er sich bereits umsieht, bleibt er noch in engem Körperkontakt mit ihr. Er rutscht von ihrem Schoß herunter auf den Boden und beginnt sie langsam zu umkreisen. Zunächst bleibt sein Kopf an ihre Knie gelehnt. Dann wandert er mit der Hand an ihren Beinen um sie herum, als wäre sie ein Maibaum – er umkreist »ihre äußersten Klippen« und beobachtet, was außen vor sich geht. »Ich folge ihren Umrissen, um aus verschiedenen Winkeln nach außen zu sehen.«

Mit dieser Handlung erreicht Joey zwei Ziele. Er gewinnt nach und nach die nötige Sicherheit, um von ihr fortzugehen, und er kann von den ihn umgebenden Gefühlsräumen eine Karte anlegen, mit deren Hilfe er sich wegbewegen kann. Auf dieser Landkarte ist seine Mutter sowohl das emotionale wie auch das geographische Zentrum. Sie ist sein einziger Anhaltspunkt, sein »sicherer Hafen«. Joey berechnet dabei Entfernungen anhand seiner Gefühle von Sicherheit und Angst.

Nachdem er eine Weile eng um sie herumgegangen ist, hat sich Joeys Bedürfnis nach Bindung soweit gelockert, daß er jetzt den Sog seiner Neugier und den Antrieb seines Erkundungswunsches stärker empfindet. Zuletzt gewinnen diese die Oberhand – gerade so weit, daß er einen ersten, zögernden Schritt von seiner Mutter weg ganz allein in den offenen Raum wagt. Dieser erste Schritt muß auf ihn starken Eindruck machen, auch wenn er ihn zuvor bei anderen Gelegenheiten schon mehrfach unternommen hat. Das erste Mal in einer fremden Umgebung ist jedesmal riskant, dabei aber auch aufregend. Schließlich hat er den körperlichen Kontakt zu seiner Mutter aufgegeben – und Berührung ist das Fundament jeder Bindung. Seine erste Reaktion auf die Unterbrechung des Kontaktes zu ihr und auf seinen Eintritt in den »freien Raum« ist Betäubung und Orientierungslosigkeit: Seine Atmung verändert sich, sein Gleichgewicht ist labil; er treibt »schwankend dahin«. Kleinkinder wirken oft so, als wären sie von den Folgen eines Schrittes, den sie selbst unternommen haben, im selben Augenblick ganz erschrocken. Joey blickt zu seiner Mutter zurück und gewinnt damit sein

Gleichgewicht soweit wieder, daß er sich weiter fortwagen kann.

Als Joey sich auf die Reise durch den Wartesaal begibt, kreisen seine Gedanken weiterhin um die körperliche Anwesenheit seiner Mutter. Er blickt sich häufig nach ihr um, als wollte er prüfen, ob sie noch da ist. Wenn er zu ihr zurückschaut, kann er lediglich ermessen, wie sich die physikalische Entfernung zwischen ihm und ihr sowie ihre Position im Raum verändert. Darüber hinaus spürt Joey auch Veränderungen der *emotionalen Distanz*, während er sich weiter fortbewegt. Versuchen Sie einen Moment, sich an Ihre Kindheit zu erinnern und an eines dieser Fangenspiele, bei denen es ein »Mal« gab, einen sicheren Zufluchtsort. Sie entfernen sich vom Mal einen Schritt, zwei Schritte, und neckten und verhöhnten das Kind, das »dran« war und Sie fangen oder abschlagen sollte, bevor Sie zum sicheren Mal zurückgelangen konnten. Mit jedem Schritt weiter weg vom Mal wuchsen Gefahr und Aufregung, gleichzeitig vergrößerte sich die emotionale Distanz. Für Joey muß seine Mutter in dieser Situation wie ein gewaltiger Magnet wirken: Seine emotionale Distanz bemißt sich nach seiner Anziehungskraft, nicht jedoch in Metern und Zentimetern oder nach der Zeit, die man braucht, um von A nach B zu gehen. Diese emotionale Distanz wird durch die Gegenwart von Joeys Mutter bestimmt, sie ist »der Stern, nach dem ich meinen Kurs ausrichte«, als wäre der Raum um sie herum dichter und kompakter und würde immer dünner, je weiter er sich von ihr fortbewegt.

Als Joey sich einige Meter von ihr entfernt hat, sich aber noch innerhalb des Bereichs ihrer unmittelbaren Gegenwart befindet, fühlt er sich nun sicher genug, um sich voll und ganz auf seine eigenen Bewegungsabläufe zu konzentrieren. Schließlich ist seine neueste Errungenschaft – das Laufen – eine berückende Tätigkeit, die noch seiner ganzen Aufmerksamkeit und bewußten Anstrengung bedarf. Jetzt, da er Herr dieser neuen Empfindungen ist, muß das Gefühl, sie zu meistern und zu erfinden, in Joey sehr ausgeprägt sein: »Ich vollführe Bögen und weite Schwünge. Ich gleiche Kräfte aus, um anzuhalten. Ich befehle Starts und führe sie aus«. Dieser Prozeß ist allerdings noch risikoreich und mit Unsicherheiten behaftet, denn Joey ist als Steuermann noch unerfahren. Seine Bewegungen lösen sich sogar zeitweilig von ihm ab: »Ich treibe auf meinen Bewegungen. Dann verliere ich die Kontrolle über sie, und sie treiben mich«. Als seine Bewegungen und er »abwechselnd das Steuer halten«, beginnt er zu taumeln.

Während Joey sich durch den Wartesaal bewegt und dabei in etwa Kreise um seine Mutter beschreibt, wobei er immer in ihrem Blickfeld bleibt, stößt er auf fremde Erwachsene. Seit seinem achten Lebensmonat zeigt er Fremden gegenüber Ablehnung. In ihrer Gegenwart, vor allem, wenn sie auf ihn zugehen, unterbricht er, was er tut, und sieht die Person aufmerksam an. Er ist argwöhnisch und prüft, ob seine Mutter in der Nähe ist und alles seine Richtigkeit hat. Kommt ihm ein Fremder zu nahe, wird er sogar etwas ängstlich. Mit acht Monaten hat er bereits begonnen, die Welt streng in zwei Lager zu unterteilen, in das der Fremden und das der Vertrauten.

Mit zwölf Monaten zeigt er jetzt hier im Wartesaal eine neue Art dieser Reaktion des Fremdelns. Da er sich jetzt selbst im Raum bewegen kann, bilden für ihn Fremde und Vertraute unterschiedliche Arten von emotionalen Räumen um sich herum. Vertraute Personen wie seine Mutter haben um sich ein relativ enges psychologisches Anziehungsfeld, einen »gekrümmten Raum«. Fremde bilden ein psychologisches Abstoßungsfeld, das Joey als etwas empfindet, das ihn von ihnen fernhält, so daß er an ihnen vorbeischlüpfen kann, ohne sie zu berühren und sogar ohne ihnen »auch nur nahezukommen«.

Mit dem kleinen Mädchen ist das etwas anderes. Sie ist weder vertraut noch fremd. Etwa ab dem dritten Lebensmonat ist Joey immer in der Lage gewesen, sicher zwischen einem Kleinkind und einem Erwachsenen oder sogar einem älteren

Kind zu unterscheiden. Wir wissen nicht genau, wie Säuglinge das zustande bringen, ihre Fähigkeit scheint jedoch auf der Tatsache zu beruhen, daß das Verhältnis von Kopf- zu Körpergröße bei Kindern und Erwachsenen in der Regel verschieden ist. Je jünger ein Mensch ist, desto größer sind Stirn, Kopf und Augen und desto kleiner sind Nase und Kinn im Vergleich zur gesamten Körpergröße. Außerdem sind Kleinkinder Experten oder mindestens so gut oder sogar besser als Erwachsene darin, Mädchen und Jungen schon als Säuglinge zu unterscheiden. Offenbar weisen die Gesichter von Mädchen und Jungen bereits ganz früh im Durchschnitt leicht voneinander abweichende Konfigurationen auf (wobei es natürlich viele Überschneidungen gibt). Experimente zum visuellen Unterscheidungsvermögen haben gezeigt, daß Babys diese pauschalen Unterschiede offensichtlich durchaus wahrnehmen.

Im Alter von etwa drei Monaten beginnen Säuglinge, sich ausgesprochen lebhaft für alle anderen Kinder zu interessieren, als könnten sie diese als Mitglieder ihrer eigenen »Rasse« erkennen. Deshalb sieht Joey bei dem kleinen Mädchen »die gleiche besondere Vitalität, wie ich sie fühle«. Im Alter von acht Monaten sind fremde Kinder meist von der üblichen Reaktion auf Fremde ausgenommen. (Es ist anzunehmen, daß diese Reaktion sich im Laufe der Evolution zum Schutz der Kinder vor fremden Erwachsenen, die ihnen Böses antun könnten, entwickelte. Fremde Babys bedeuten sicher nicht die gleiche Bedrohung.) Mit zwölf Monaten kann man fremde Kinder nicht so einfach ansprechen (»sie krümmt den Raum nicht um sich herum, sie stößt mich nicht ab«), aber sie besitzen eine starke Anziehungskraft. Joey fühlt keinerlei Hemmung, auf das kleine Mädchen zuzugehen und sie zu berühren, sogar im Gesicht, wobei er seinen ganz ursprünglichen, freien Umgang mit Intimität beweist. Deshalb wird das kleine Mädchen von seiner Mutter weggezogen, denn diese ist sich nicht sicher, was Joey vorhat.

Bei seiner Wanderung von seiner Mutter weg war Joey völlig von dem kleinen Mädchen eingenommen. Nun sieht er sich um und versucht sie wiederzufinden. Er sieht sie nicht und ist auch nicht sicher, wo er nach ihr suchen soll. Er ist aus seiner Sicht also tatsächlich verloren gegangen, er hat sich »verirrt«. Wenn er ihren Stern nicht sehen kann, fühlt er sich verirrt, und wenn er ihre unsichtbaren Kraftlinien nicht fühlt, ist er von ihr »getrennt«. Jede noch so kurze Trennung ist für ein einjähriges Kind wohl die furchterregendste aller Erfahrungen. In solchen Momenten zeigt sich, wie sehr Wohlbefinden und die Ausgeglichenheit eines Kindes davon abhängen, daß seine vorrangige Bezugsperson es mit seiner Anwesenheit emotional trägt. Sie ist für seine Seele wie Sauerstoff für die Lunge, ohne den das Kind innerhalb von Sekunden in Panik gerät. Diese Trennungsangst drückt sich zum Teil sehr wahrscheinlich in dem Gefühl des Zersplitterns, des Verlustes der eigenen Grenzen, des Verschwindens in einer leeren, einsamen Unendlichkeit aus. Deshalb fühlt Joey, daß der Raum um ihn »immer riesiger« wird. »Er wird grenzenlos. Nichts hält mich mehr. Ich löse mich auf wie Salzkörner in einem Raumozean.«

Diese Empfindungen gehören auch wesentlich zum Gefühlsleben des Erwachsenen. Von Menschen, die an einer Furcht vor offenen Plätzen (Agoraphobie) und Panikattacken leiden, glauben viele Psychiater, daß sie an einer akuten Trennungsangst im Erwachsenenalter erkrankt sind. Praktisch jeder würde mit Panik auf die Feststellung reagieren, daß er allein in einem Ozean schwimmt, ohne Land in Sicht, und daß sein Boot dabei ist, abzutreiben. Es wäre genauso, als fände man sich plötzlich draußen im All wieder – ohne dafür in irgendeiner Form trainiert oder vorbereitet zu sein. Selbst im Alltag kann die Angst vor einer Trennung von unserer wichtigsten Bezugsperson – unserem Ehepartner, einem Elternteil – ähnliche, oft nicht weniger dramatische Auswirkungen auf uns haben. Trennungsängste liegen in uns allen fest verankert und verändern sich vermutlich nicht wesentlich zwischen dem Alter von zwölf Monaten und unserem Tode. Natürlich lernen wir, sie besser zu vermeiden, sie zu ertragen, oder – was wahrscheinlich das üblichere ist – unser Leben so einzurichten, daß sie weniger bedrohlich auf uns wirken. Dennoch begleiten sie uns auf Schritt und Tritt.

Aus Panik über die Trennung von seiner Mutter ruft Joey nach ihr, er wirft den Schrei wie eine Rettungsleine blindlings in einen tosenden Sturm. Wo immer sie auch sein mag, sie wird die Leine ergreifen, so hofft er. Deshalb ist ihr Rufen für ihn eine »Antwort«, ein »Ziehen«. Hat er erst einmal ihre Stimme gehört, kann er beginnen, die Panik abzubauen. Er ordnet die Raumkoordinaten rund um den »Hammerschlag« ihres Rufs (ihre Stimme) und ihre Gegenwart. Sobald er seine Orientierung wieder gefunden hat, läuft er zu ihr zurück.

Joeys Mutter kommt zu ihm, als er auf sie zuläuft. Sie hat ihn natürlich die ganze Zeit nicht aus den Augen verloren und geht zu ihm, als sie seine Aufregung sieht. Joey hatte sie verloren, nicht jedoch umgekehrt. Sie hebt ihn hoch und drückt ihn an die Brust, dabei liegt sein Kopf in ihrer Halsbeuge, und einer seiner Arme ist um ihren Nacken geschlungen. So an sie geschmiegt weint er, aber das Weinen wird schwächer und schwächer. Die Zauberkraft einer Bindung drückt sich am deutlichsten in der Berührung aus und dringt durch die Haut in uns ein. Bei allen Primaten – Affen, Schimpansen und Menschen – ist die für den Aufbau und die Aufrechterhaltung einer Bindung am besten geeignete Körperhaltung der direkte Bauchkontakt. Dabei liegt Brust an Brust, der Kopf des einen auf Schulter und Nacken des anderen. So wie Joey es fühlt, beginnt die Beruhigung »an der Oberfläche und fließt nach innen«.

Der Körperkontakt in den Armen seiner Mutter beruhigt Joey nicht nur, sondern der »Sog ihrer Anwesenheit« hilft ihm dabei, sich neu zu ordnen und wieder eins zu werden, nachdem er sich zuvor »aufgelöst« gefühlt hatte. Er ist nicht nur besänftigt und wiederhergestellt, sondern kann jetzt nach der Auflösung »den Linien ihrer Berührung folgend« zu seiner eigenen Abgegrenztheit zurückfinden.

Nach und nach wird Joeys überaktives Bindungssystem wieder außer Kraft gesetzt. Sobald es nachläßt, beginnt der Forscherdrang sich wieder zu melden, Joeys Neugier erwacht von neuem. Allen Gefahren seiner großen Fahrt ins Ungewisse zum Trotz wird er bald wieder bereit sein, zu neuen Ufern aufzubrechen.

## 8. Ein gemeinsames Gefühl – 11.50 Uhr morgens

Joey und seine Mutter sind nun wieder nach Hause zurückgekehrt. Sie suchen nach Joeys Lieblingsspielzeug, einem Plüschkaninchen, das unter einer Decke verborgen ist. Joey findet es. Er hält es trimphierend hoch und sieht seine Mutter begeistert an. In einem weichen Crescendo öffnet sich sein Gesicht immer weiter. Seine Augen werden größer, der Mund öffnet sich zu einem strahlenden Lächeln, um ihr zu zeigen, was er gefunden hat und – was viel wichtiger für ihn ist – was er dabei empfindet. Nachdem sie sein Gesicht gesehen hat, kehren seine Züge in einem weichen Diminuendo wieder zu ihrem normalen Ausdruck zurück. Darauf sagt sie »JaaaAAaa!«, wobei sie die Tonhöhe erst ansteigen und dann wieder abschwellen läßt. Joey scheint mit ihrer Antwort zufrieden zu sein und spielt für sich allein weiter.

*Ich habe es gefunden! Hier ist es.*
*Eine Woge des Entzückens steigt in mir auf. Sie schwillt an und bekommt eine weiße Krone. Sie lehnt sich vornüber, kräuselt sich und zerstiebt zu zart klingender Gischt. Als die Woge vergeht, gleitet der Schaum zurück und verschmilzt mit den ruhigen Wassern dahinter.*
*Fühlt sie die Woge auch? – Ja!*
*Sie ruft wie ein Echo das Steigen und Fallen der Woge in mir zurück. Ich steige mit dem Echo auf und wieder hinab. Es durchdringt mich, und ich fühle, daß mein Entzücken auch in ihr ist.*
*Es gehört jetzt uns beiden.*

Dieser Augenblick, den Joey mit seiner Mutter teilt, wirkt auf den ersten Blick simpel, fast zu alltäglich und flüchtig, als daß sich etwas Bedeutsames abgespielt haben könnte. Trotzdem öffnet dieser Moment das Tor zur Welt der wechselseitig begehbaren psychischen Landschaften, zur Intersubjektivität. Warum das so ist, möchte ich im folgenden erläutern.

Während der letzten Monate hat Joeys Mutter unbewußt erraten, daß Joey das Prinzip der Intersubjektivität entdeckt hat. Ich bin ja bereits in der Einleitung zu diesem Kapitel näher darauf eingegangen. Er hat erkannt, daß er Gefühle und Absichten hat und daß andere diese nicht nur erkennen, sondern auch mit ihm teilen können. Er hat auch nach und nach verstanden, daß anderen völlig verborgen bleiben kann, was in ihm vorgeht, oder daß sie manchmal zwar verstehen, daß etwas vorgeht, daß sie aber nicht erfassen, worum es sich handelt.

In diesem Moment ist Joey begeistert darüber, daß er das versteckte Spielzeug wiedergefunden hat. Sein Entzücken ist ein Gefühl in seinem Innern, das er möglicherweise mit seiner Mutter teilen kann. Dieses Gefühl ist das eigentliche Thema dieses Augenblicks, deshalb wollen wir es uns etwas näher ansehen. Es tritt an zwei verschiedenen »Orten« gleichzeitig auf – einem sichtbaren und einem unsichtbaren. Die sichtbaren Ereignisse spielen sich in Joeys Gesicht und in seinen Augen ab, die sich beide in einer einzigen weichen Bewegungsfolge öffnen und langsam wieder schließen, alles in einem Atemzug. Und Joey achtet sorgfältig darauf, seiner Mutter diesen Ablauf zu zeigen, um ihr damit ein Signal zu geben.

Die unsichtbaren Vorgänge sind die Gefühle des Entzückens in Joeys Innerem, die nicht im Gesicht, sondern irgendwo anders in Körper und Seele angesiedelt sind. Joey kann diesen Ort nicht besser und nicht schlechter lokalisieren als wir Erwachsenen. Er ist irgendwo »innen«. Und was »innen« bei einer Empfindung passiert, ist ein lebendiger Augenblick, der sich nur allmählich entfaltet. Er ist kein statisches Bild, keine abstrakte Idee. Es handelt sich vielmehr um eine

Vielzahl sich wandelnder Eindrücke, die sich wie Musik und Tanz ständig verändern. Joey fühlt beispielsweise zunächst sein Entzücken in ihm aufsteigen wie ein Crescendo, wie eine Woge, die ansteigt und eine Schaumkrone bildet. Auf ihrem Höhepunkt »lehnt sie sich vornüber, kräuselt sich und zerstiebt zu zart klingender Gischt«. Dann gleitet die Bewegung in ein Diminuendo, sein Gefühl läßt allmählich nach und verebbt.

In Form einer solchen Choreographie oder Orchestrierung erleben wir unsere Gefühle in jedem Alter. In dieser Hinsicht unterscheiden sich Babys und Erwachsene wahrscheinlich nicht wesentlich. Gefühle brauchen Zeit, um sich zu entfalten. Sie haben einen Entwicklungsverlauf. Sie kommen, bleiben eine Weile – vielleicht nur Bruchteile von Sekunden – bestehen und vergehen wieder. Gefühle können explosionsartig auftreten oder verschwinden (zum Beispiel, wenn man über ein lautes Geräusch erschrickt) oder ganz allmählich an- und abschwellen (wie ein Gefühl der Zufriedenheit). Ihr Höhepunkt kann blitzartig da sein (wenn man plötzlich die Pointe eines Witzes versteht) oder ein langes, flaches Plateau bilden (zum Beispiel eine unterschwellige, »kalte« Wut). Sie können insgesamt gedämpft oder grell sein. Die gelebte Erfahrung eines Gefühls erwächst nicht allein aus dem Gefühl selbst, sondern wie bei der Musik auch daraus, wie es in den Zeitverlauf eingebunden und in ihm strukturiert ist. So erlebt Joey das Entzücken in seiner ganzen Ausdruckskraft wie auf einer inneren Bühne.

Nur an Joeys Gesicht kann seine Mutter das verborgene Ballett seiner Empfindungen erkennen. Das Gesicht ist das für die Abbildung von Gefühlsinhalten am besten geeignete Organ des menschlichen Körpers. Dutzende verschiedener Gesichtsmuskeln können in ihm eine Vielzahl von Gefühlen in allen Nuancen darstellen. Das gilt für Joey im Alter von zwölf Monaten ebenso wie für uns Erwachsene. Das Gesicht dient dabei als eine Art Leinwand, auf der sich wie ein Schattenspiel das sich im Innern des Menschen abspielende Drama abzeichnet. Tatsächlich werden die Bewegungen der Gesichtsmuskulatur und der Tanz der inneren, subjektiven Empfindungen von denselben »Mächten« simultan gesteuert.

Während in Joey Entzücken aufsteigt und eine von einem Kamm gekrönte Woge bildet, öffnen sich synchron dazu Augen und Mund immer weiter. Auch sein Atem wird in das Fließen einbezogen. Als das innere Gefühl seinen Höhepunkt erreicht und dann verebbt, atmet Joey aus, sein Gesicht und seine Augen kehren synchron zum Verlauf der Gefühle in ihre Ausgangsstellung zurück. Während des Abflachens und Loslassens spannt Joey seine Stimmbänder an und blockiert damit den Luftausstrom, so daß sich das erneute Verschließen seiner Mimik verlangsamt und so an den Rhythmus der verebbenden Gefühle anpaßt. Durch die Hemmung des Luftausstroms kommt ein angenehmer Laut zustande, den Joey als »zart klingende Gischt« wahrnimmt, zu der die Woge zerstiebt. Das Öffnen und Verschließen, das Ansteigen und Abflachen von Joeys Mimik entspricht in Dauer und Form exakt dem Aufsteigen und Verebben der Gefühle in seinem Innern.

Joey fühlt dies sehr vage. Er weiß, daß seine Mutter dieses Gefühl vielleicht ebenfalls wahrnimmt und daß sie die Vorgänge in seinem Innern von seinem Gesicht »ablesen« kann. Er wünscht sich ja gerade, daß sie das tut. Er hat vermutlich den Wunsch, ihr seine Gefühle mitzuteilen, als etwas, das von ihm unbeeinflußt von seinen innersten Gefühlen selbst ausgeht und auf dem Umweg über ihn seine Mutter erreichen will.

Was jetzt kommt, ist das wohl interessanteste Element dieses Augenblicks. Joeys Mutter hat das Entzücken in seinem Gesicht aufsteigen und wieder verebben sehen, und sie kennt auch seinen Grund: die Tatsache, daß er das verloren geglaubte Spielzeug gefunden hat und es ihr zeigt. Wie viele Mütter und Väter möchte sie dieses Entzücken mit ihm gemeinsam erleben, ihn spüren lassen, daß sie weiß, was er gefühlt hat und was er jetzt im Moment fühlt. Wie kann sie das erreichen?

Sie könnte sagen: »Oh, Joey, ich weiß, daß du entzückt bist, und auch ich weiß, wie sich das anfühlt.« Joey versteht vielleicht sogar einige der Wörter, aber er kann das gedankliche Konzept noch nicht in dieser sprachlichen Form nachvollziehen. Was könnte sie noch tun? Sie könnte ihn vielleicht imitieren. Dazu ist keine Sprache nötig. Indem sie nachmacht, was er getan hat, könnte sie ihm zu zeigen versuchen, daß sie versteht, wie er sich gefühlt haben muß. Aber auch das wäre wenig erfolgversprechend. Wenn Joeys Mutter nämlich als getreue Imitation so wie er ihre leeren Hände in die Höhe heben und ihr Gesicht öffnen und wieder verschließen würde, wäre das geradezu lächerlich. Und außerdem: Was könnte Joey damit anfangen? Er könnte denken: »Nun gut, du weißt, wie es ist, das zu tun, was ich getan habe – denn du hast mich ja genau nachgemacht. Aber kann ich mich wirklich darauf verlassen, daß du weißt, wie ich mich gefühlt habe, als ich das getan habe? Woher weiß ich, daß du nicht einfach nur ein Spiegel bist? Woher soll ich wissen, ob du überhaupt eine Seele hast? Außerdem: Woher weiß ich, ob du wirklich etwas fühlst, oder etwas Ähnliches fühlst wie ich?« Kurz gesagt, getreues Kopieren genügt nicht. Was also kann sie in dieser schwierigen Situation tun?

Sie tut folgendes: Sie sagt »JaaaAAaa!« und imitiert mit der Tonhöhe den Bewegungsablauf von Joeys Gefühlen, die steigende und fallende Woge. Auch die Dauer und die zeitliche Abfolge der Crescendo-Diminuendo-Bewegung hält sie ein. Das Ansteigen der Tonhöhe im ersten Teil des »JaaaAA…« dauert exakt so lange wie das Crescendo der Öffnung in Joeys Gesicht. Ebenso ist das Absinken der Tonhöhe im zweiten Teil nur so lang wie die Spanne, die sein Gesicht brauchte, um zum Ruhezustand zurückzukehren. Sie vermeidet damit eine getreue Kopie und schafft dagegen intuitiv eine sorgfältig ausgewählte, kunstvolle Imitation, die man *Feinabstimmung* nennt. Sie nimmt diejenigen Teilstücke von Joeys Handlungen, die seine Gefühle am besten spiegeln, nämlich das Prinzip des Steigens und Fallens mit seinen zeitlichen Bezügen, und verändert diejenigen Teile, die speziell zu der von ihm verwendeten Sinnesmodalität der Mimik gehören. Sie ersetzt die Veränderung der Gesichtszüge durch die Veränderung der Tonhöhe, also Mimik durch Stimme. Dadurch, daß sie Joeys innerste Gefühle mit ihrer Neuformulierung seines sichtbaren Verhaltens direkt anspricht, kann sie nicht mit einem Spiegel verwechselt werden. Nur ein Mensch, der weiß, was Joey gefühlt hat, kann dieses »JaaaAAaa!« aussprechen, das genau parallel zu seiner Erfahrung, nicht aber ihre Kopie ist. Er versteht, daß seine Botschaft bei ihr eingetroffen ist, und antwortet: »Ja!« Diese Art der Analogbildung erfolgt ganz bewußt und dient als besonderer Ausdruck von Einfühlungsvermögen. Die meisten von uns tun intuitiv dasselbe. Ein Kind, dessen Vater oder Mutter – gleichgültig aus welchen Gründen – dazu nicht imstande ist oder es davon abhält, dies zu praktizieren, wird sich psychisch diesem Elternteil und letztlich der ganzen Welt gegenüber einsamer fühlen.

Indem Joeys Mutter ihr »JaaaAAaa!« durch ihn strömen läßt (»Ich gleite mit dem Echo hinauf und wieder hinunter«), um zu sehen, ob es zu seinem eben erlebten Gefühl paßt, erkennt Joey, daß sie seine Empfindung teilt. Er weiß, daß dies die akustische Antwort auf sein Gefühl ist, weil er – wie in Abschnitt 3 ausgeführt – in der Lage ist, Erfahrungen von einer Sinnesmodalität in eine andere zu übertragen. Er weiß, daß die Form einer steigenden und fallenden Woge in der Tonhöhe einer stimmlichen Äußerung dasselbe ist wie die Form einer steigenden und fallenden Woge im Gesichtsausdruck eines anderen oder in dem Gefühlston, den er in sich selbst wahrnimmt. Hieran erkennt er, daß die Antwort seiner Mutter authentisch ist.

In diesem wichtigen Augenblick erleben Joey und seine Mutter ein gemeinsames Gefühl. So einfach das auch einem Erwachsenen vorkommen mag (das ist es allerdings nicht immer!), für Joey ist dies ein großer Schritt. Woher soll er schließlich wissen, daß er, wenn er in seinem Innern etwas fühlt, nicht der einzige Mensch auf dieser Welt ist, der dieses oder ein ähnliches Gefühl jemals erfahren hat? Und wie soll er wissen, welche seiner Gefühle mit anderen geteilt werden können und welche lieber privat, vielleicht sogar streng geheim bleiben sollten? Welche der Gefühle werden von anderen bestätigt, so daß sie eines Tages beim Namen genannt und besprochen werden können? Die Tragweite dieser Vorgänge ist enorm. Die Erfahrung von Gemeinsamkeit bildet die Grundlage für später bedeutsamer werdende Aspekte psychischer Nähe. Wie umfassend können und sollten Innenwelten anderen gezeigt und mit ihnen geteilt werden? Der Grad der psychischen Nähe, in dem Joey sich letztlich später wohlfühlen wird, wird so bereits hier festgelegt. Joey und seine Mutter sind dabei, die Grenzen der mit anderen teilbaren Gefühlswelt festzulegen. Zusammen haben sie eben gerade erfahren, daß Entzücken ein innerer Vorgang ist, den man mit einem anderen teilen kann: »Es gehört jetzt uns beiden.« Aber wie sieht es aus mit Traurigkeit, Wut, Stolz, Begeisterung, Angst, Zweifel, Scham, Freude, Liebe, Verlangen, Schmerz und Langeweile? Joey muß diese und andere subjektive Erfahrungen in seinem Leben erst noch machen. Wird seine Mutter dann immer in der Lage sein, sie voll und ganz mit ihm zu teilen, oder wird sie bewußt oder unbewußt unfähig sein, diese Gefühle zu vollberechtigten Bestandteilen des Universums werden zu lassen, das Joey später mit anderen teilen soll?

Indem Joeys Eltern ihn auf diese Weise wissen lassen, welche seiner psychischen Landschaften sie mit ihm teilen können und welche nicht, beginnen sie, ihn von innen heraus zu dem Sohn zu formen, den sie sich erträumen. Wenn aber Eltern bei wichtigen Aspekten, die sie in ihrem Kind fördern wollen, uneins sind, kann es höchstwahrscheinlich nicht zwei miteinander unvereinbaren Traumbildern genügen. Es muß dann möglicherweise Zeit seines Lebens viel Energie darauf verwenden, dieses Dilemma, diese Widersprüche in sich selbst zu lösen, oder es fühlt sich von dem Druck, den sie ausüben, getrieben, die Vorstellungen eines Elternteils und damit auch sich selbst zurückzuweisen.

Kapitel IV

# Die Welt der Wörter
## Joey im Alter von zwanzig Monaten

Kurz vor seinem achtzehnten Lebensmonat hat in Joeys Entwicklung ein weiterer Reifungssprung eingesetzt, der seinen alltäglichen Erfahrungshorizont beträchtlich veränderte: der Sprung in die Welt der Wörter, der Symbole und des Nachdenkens über sich selbst. Im Moment befindet sich Joey noch mitten in diesem Prozeß, der bei einigen Kindern früher, bei anderen später einsetzt. Der Bereich des Normalen ist dabei sehr weit gespannt. Wir wissen nicht genau, warum dieser Sprung gerade jetzt stattfindet. Die Fähigkeit, Sprache und Symbole zu gebrauchen, ist dem Menschen angeboren, liegt jedoch bis zu diesem Alter brach. Ein Kind, das in seinem bisherigen Leben normale Erfahrungen gemacht hat, macht ganz plötzlich einen großen Schritt nach vorn im Verstehen der Sprache, und nur wenig später fängt es an, sie auch selbst zu produzieren. Wie eine Knospe blüht diese nur dem Menschen eigene Blume, die Sprache, über Nacht auf, sobald ihre Zeit gekommen ist.

Aber nicht nur die Sprache entfaltet sich. Mit einem Male beginnt in diesem Lebensalter ein ganzes Feld von Fertigkeiten zu keimen und zu treiben. Obwohl für alle diese Fähigkeiten die gleichen Voraussetzungen gelten, wird gerade das Knospen der Sprache als Wendepunkt im Übergang vom Kleinkind zum Kind gewertet (ich werde jetzt auch von Joey nicht mehr als »Kleinkind«, sondern als »Kind« sprechen). Die sich in diesem Alter entfaltenden Fertigkeiten sind alle miteinander verbunden. Kinder beginnen jetzt Ereignisse aus Vergangenheit, Gegenwart und Zukunft im Geiste durchzuspielen. Sie können Handlungen einzig und allein auf ihrer geistigen Bühne ablaufen lassen, nachspielen oder erfinden, bevor oder ohne daß sie diese je in die Tat umsetzen. Und sie beginnen jetzt Symbole und Zeichen zu benutzen, um Dinge oder Personen zu benennen. Sie können sich nun auch selbst bezeichnen.

Joey beobachtet nun vielleicht jemanden bei etwas, das er selbst noch nie getan hat, beispielsweise eine Telefonnummer wählen oder Milch in eine Tasse gießen. Etwas später an demselben Tag oder einige Tage später wird Joey zum erstenmal in seinem Leben den Wählvorgang oder das Eingießen nachmachen. Dazu muß er im Geiste ein Modell dieser Tätigkeit entwickelt und sich eingeprägt haben. Und er muß dieses imaginäre Modell benutzen, um zu wissen, was er tun muß, wenn er wählt oder Milch eingießt. So speichert er Vorgänge und ruft sie später wieder ab. Dies bezeichnet man als *zeitversetzte Nachahmung*.

Durch die Verbindung symbolischer Vorgänge zu neuen Konstellationen kann Joey nun auch im Geiste Ereignisse erstehen lassen, die niemals geschehen sind oder niemals eintreten werden, daß er zum Beispiel ganz allein in seinem Spielauto zum Haus des Großvaters fährt. Durch seine Vorstellungskraft ist er jetzt in der Lage, seine Wünsche symbolisch umzusetzen, er ist nicht mehr nur der Realität verhaftet.

Joeys neues Verhalten vor dem Spiegel ist ein gutes Beispiel für seine neuerworbene Fähigkeit, sich selbst von außen her zu sehen. Wenn jemand ihm, ohne daß er es merkt, einen Tupfen rote Schminke auf die Stirn setzt und ihm einen Spiegel vorhält, ist Joey mit etwa achtzehn Monaten in der Lage, sofort und ohne zu zögern mit dem Finger auf seine reale Stirn zu deuten. Vor diesem Alter hätte er noch auf den roten Punkt auf der Stirn seines Spiegelbildes gezeigt, denn zu diesem Zeitpunkt konnte er noch nicht verstehen, daß das Spiegelbild ihn selbst ganz real abbildet und damit über sich selbst hinaus für etwas anderes steht. Jetzt ist er jedoch in der Lage, dies zu erkennen.

Und schließlich hat auch die Sprache begonnen, in Joey zu knospen. Sie ist die auffälligste Blume in diesem erblühenden Garten. Joey benutzt nun Wörter als Symbole, die sich auf Personen, Handlungen und Gegenstände beziehen können (»Mami Bett gehen«). Joey verwendet Pronomen (»ich, mir, mein«) und seinen eigenen Namen, »Joey«, und zeigt damit, daß er auch verstanden hat, daß er sogar von sich selbst sprechen kann.

Die Entwicklung der Sprache eröffnet Joey ganz neue Welten. Die Erkenntnis, daß er Wörter hervorbringen und benutzen kann, muß für ihn genauso überwältigend sein wie der Moment, in dem man merkt, daß man jetzt endgültig begriffen hat, wie man Fahrrad fährt, schwimmt, Auto fährt oder läuft – oder vielleicht alles zusammen. Dieses wundervolle, beglückende Gefühl ist jedoch nicht nach einem Augenblick vorüber, sondern hält für Joey wahrscheinlich über Monate an und wird dabei immer stärker. Er gewinnt eine völlig neue Sicht der Dinge. Die Wirklichkeit hat für ihn keine Grenzen mehr, denn er kann nun zu neuen Erdteilen aufbrechen, in die Vergangenheit oder in die Zukunft und überall dorthin reisen, wohin man über die Stufen und Sprungbretter gelangt, die nur miteinander verknüpfte Wörter vor uns ausbreiten. Und er kann zu den meisten dieser Orte in Gesellschaft eines anderen gehen, indem er mit ihm darüber spricht. Diese Art zu reisen ist eine neue, umfassende Art, mit einer anderen Person zusammen zu sein. Die Sprache gibt Joey die Mittel an die Hand, frei und unabhängig zu sein, aber sie schenkt ihm zugleich das wirkungsvollste Werkzeug, das wir für das Zusammenleben mit anderen, für die gesamte menschliche Kultur besitzen.

Die Sprache verändert Joeys Wirklichkeit radikal, indem sie ihr eine neue Struktur verleiht. Sie unterteilt non-verbale Erlebnisse nun in andere, strengere Kategorien. Sie zerschneidet den Zeitfluß eindeutig in Vergangenheit, Gegenwart und Zukunft. Sie läßt ein weit größeres Netzwerk von Verbindungen zu. Sie macht es uns leichter, über die Wirklichkeit hinauszugehen. Sie steht außerhalb der von ihr abgebildeten gelebten Erfahrung, man kann sie betrachten und überarbeiten. Ich habe versucht, das überwältigende Erlebnis dieser schönen Seite des Spracherwerbs in Abschitt 9 darzustellen.

Aber es gibt auch eine dunkle Seite dabei. Die Sprache bietet enorme Nachteile im Vergleich zu dem non-verbalen System, das in Joey bereits reibungslos funktioniert. Wörter können globale Erfahrungen nur schlecht abbilden. Sprache ist hervorragend geeignet, streng kategorische Unterscheidungen zwischen Dingen zu machen (groß und klein), aber sie ist äußerst schwerfällig, wo es um Nuancen in der Grauzone zwischen den Kategorien geht. Gesten können derartige Zwischentöne besser darstellen, zum Beispiel wenn wir sagen, etwas sei »soo groß« und dabei die Arme ausstrecken, um die gemeinte Größe anzudeuten. Sprache ist langsam, Handlungen in Form von Mimik und Gestik sind dagegen schnell. Sprache kann das Denken vom Fühlen abtrennen. Sie zerteilt nuancenreiche, komplexe Erfahrungen in ziemlich armselige Einzelstücke. Vor allem können einige non-verbale Erfahrungen beim besten Willen nicht in Worte gefaßt werden, zum Beispiel wenn zwei Liebende sich in die Augen schauen. Worte können solche Momente bestenfalls in uns wieder wachrufen. Wenn nun die Sprache in Joeys Leben tritt, schafft sie eine tiefe Kluft zwischen seiner vertrauten non-verbalen Erfahrungswelt und der neuen Welt der Wörter. Diese Trennung ist verwirrend und manchmal schmerzlich für Joey. Zum erstenmal in seinem jungen Leben muß er zwei verschiedene Versionen desselben Vorgangs erfassen lernen. Von nun an wird er sein ganzes Leben in Form von parallelen Wirklichkeiten erfahren. Die schlichte Ganzheitlichkeit des Erlebens ist damit für immer zerstört. Wie Joey diese einsamere Seite des Spracherwerbs erlebt, habe ich in Abschnitt 10 dargestellt, der ein anderes Ereignis an demselben Vormittag wie in Abschnitt 9 beschreibt. Von nun an werden in Joey die verbale und non-verbale Erfahrungswelt ständig nebeneinander stehen.

## 9. »Strolch« – 7.05 Uhr morgens

Joey erwacht und klettert aus dem Bett. Einen Augenblick lang steht er im Zimmer und blickt still vor sich hin, so als müsse er nachdenken. Dann geht er rasch in das Schlafzimmer seiner Eltern und klettert zu ihnen ins Bett. Er schlüpft zwischen ihnen unter die Decken und gräbt sich regelrecht ein. Seine Eltern sind nun natürlich hellwach geworden. Nach einer Weile sagt sein Vater zu ihm: »Na, mein kleiner Strolch?« Joey antwortet, in die Decken vergraben: »Ssrolss«. Sein Vater verbessert ihn liebevoll: »Ja, Strolch.« Joey versucht es noch einmal: »Strolch.« Sein Vater lacht und sagt: »Ja genau, du bist mein kleiner Strolch.«

Joey ist für einen Moment still. Dann taucht er aus den Decken auf und verkündet klar und bestimmt: »Ich Strolch!«

*Mein Zimmer ist so still. Ich bin ganz allein hier drin. Ich möchte dahin gehen, wo Mami und Papa sind. Wenn ich nicht hingehe, bleibe ich allein und alles ist still. Also gehe ich in ihr Zimmer und krieche zwischen sie, in das Tal. Dort hülle ich mich in die Wärme, die aufsteigt und fällt. Ich tauche in die Seen warmer Düfte ein, in die Geräusche des Luftstroms, der in sie hinein und wieder aus ihnen herausweht, während das Tal sich füllt und wieder leer wird. Ich bade in den schwellenden Fluten unserer morgendlichen Welt.*
*Da schickt Papa einen vertrauten Klang in meine Welt – nur für mich. Seine Melodie läßt das warme Papa-Gefühl in mir aufsteigen. Zum erstenmal merke ich, daß der Laut eine besondere Form hat, die ganz abseits von seiner Melodie steht.*

*Diese Form ist leuchtend und weich und bleibt da, als die Musik schon vorbei ist. Sie hat ihre eigene Kraft und Lebendigkeit. Sie hatte sich im Strom der Musik verborgen, ist aber jetzt mit einem Male hervorgekommen. Ich kann mit dieser ganz neuen Form spielen. Sie hat Rundungen und kleine Explosionen dazwischen. Ich probiere sie aus und schicke sie zu Papa. Er sendet sie mir rein und kantig zurück. Ich erfasse sie jetzt. Ich schicke sie ihm zurück. Er lacht und schickt mir die Form wieder herüber, diesmal strömt sie kraftvoll und frei.*
*Diese neue Form läßt etwas in mir mitschwingen. Die Form entfaltet sich von selbst, aber sie keimt auch in mir und tritt hervor. Sie wächst und dehnt sich aus. Ich lasse sie überfließen, sie strömt ganz an mir hinab. Ich drücke sie ganz eng an meine Gefühle.*
*Jetzt bin ich soweit. Ich erhebe mich, in meine neue Form gehüllt. Sie ist ein leuchtender, weicher Umhang, der mich verändert. Ich bäume mich aus dem Tal empor und bekenne mich zu ihr: »Ich Strolch!«*

Joeys Gefühl der Verlassenheit beim Erwachen an diesem Morgen ist etwas ganz anderes als die akute Trennungsangst, die er vor einem Jahr hatte und die ich im siebten Abschnitt beschrieben habe. Nun hat er den Eindruck, isoliert, von der Gesellschaft anderer Menschen abgeschnitten zu sein. Ihm fehlt die Lebendigkeit anderer Menschen um ihn herum, und er weiß, daß sich all dies anderswo abspielt. Am meisten beunruhigt ihn die Unbelebtheit, Verlassenheit des Zimmers: »Es ist so still.« Joey kann mittlerweile schon gut mit der unmittelbaren Zukunft und der Vergangenheit umgehen und Voraussagen treffen: »Wenn ich nicht hingehe, bleibe ich allein und alles ist so still. Also gehe ich in ihr Zimmer.« Er benutzt die Konzepte des ›falls‹, ›also‹ und des ›weil‹, ohne bislang ihre wörtliche Bedeutung zu kennen.

Joey weiß genau, wo er menschliches Leben in seiner konzentriertesten Form finden kann, und klettert zu seinen Eltern ins Bett, genauer gesagt in das »Tal« zwischen ihnen. Er

»hüllt sich ein«, »taucht« und »badet« in Düften, Wärme, Bewegungen und Geräuschen, die zur »morgendlichen Welt« der Eltern gehören, also in all ihre non-verbalen Empfindungen und Gefühle.

Hier in seinem Tal hat Joey eine bedeutsame Begegnung mit der Sprache. Er entdeckt, daß ein Wort oder ein Ausdruck für etwas anderes stehen kann, und hält damit den Schlüssel zum Spracherwerb in der Hand. Die meisten Kinder finden diesen Schlüssel etwa im Alter von achtzehn Monaten, manche jedoch erst später. Joey hat ihn bei anderen Wörtern wie Wauwau, Mieze und Oma bereits entdeckt. Er weiß, welches Wort für diese Tiere und Menschen steht und benutzt es, wenn er von ihnen spricht, und probiert nun denselben Schlüssel auch bei anderen, neuen Wörtern aus. Jedesmal, wenn er sich damit ein neues Wort erschließt, wie heute Strolch, macht er eine beeindruckende Entdeckung. Dabei beginnt das Kind, neuartige Forderungen an den non-verbalen Fluß zu stellen.

In diesen Fluß hinein wirft Joeys Vater ein Stückchen Sprache: »Mein kleiner Strolch.« Bisher hatte Joey praktisch ausschließlich die Melodie, den musikalischen Aspekt der Sprache wahrgenommen. Er hört den reinen Klang der Wörter und fühlt, welche Empfindungen dieser in ihm wachruft, aber er versteht noch wenig von der eigentlichen Bedeutung des gesprochenen Wortes. Anders ausgedrückt: Die sprachlichen Fragmente lösen sich auf und werden Teil des non-verbalen Flusses. Als sein Vater ihn mit dem Kosenamen anspricht, weckt dessen vertrauter Klang – seine Melodie – in Joey deshalb das »warme Papa-Gefühl«.

Aber an diesem Morgen verschwimmt die Sprache, die Joeys Vater benutzt, nicht mit Musik und Gefühlen. Etwas »steht abseits«, und Joey erkennt es. Dieses etwas – die besondere Bedeutung eines Wortes und die Person, auf die es sich bezieht – ist das, was Joey als »Form« bezeichnet, die sich aus der Melodie herausschält.

Als Joey erst einmal erkannt hat, daß »Strolch« für sich

allein als eine Art Klangobjekt existiert, kann er damit beginnen, es zu erkunden und mit ihm zu spielen, das heißt, seine Bedeutung zu finden oder zu erfinden. Er muß den Klang beherrschen und behalten und darf ihn nicht einfach über sich hinwegfluten lassen wie Musik. Als er den Klang selbst ausprobiert, stellt er fest, daß er Rundungen und kleine Explosionen dazwischen hat. Das O, das R und das L sind die weichen Laute, die »Rundungen«, während das St und das Ch sozusagen spitze Konsonanten sind (s und ch sind Frikative, t ein Dental). Joey muß versuchen, sie richtig zusammenzusetzen. Hierfür nehmen er und sein Vater eine Technik zu Hilfe, die sie schon lange vorher eingeübt haben: Sie werfen das Wort zwischen sich hin und her und verbessern es bei jedem Wurf. Dieses Spiel und das damit verbundene Prinzip des Abwechselnd-etwas-Tuns benutzen Joey und seine Eltern schon seit vielen Monaten. Schon als Joey drei Monate alt war, haben sie sich abwechselnd Gurrlaute zugeworfen. Seit er sieben Monate alt war, haben sie sich gegenseitig Bälle zugerollt. Die fundamentale Regel für das Gespräch mit anderen Menschen, das Prinzip von Rede und Gegenrede, wurde so verankert, lange bevor Joey begann, sie zusammen mit seinen Eltern auch auf die Sprache zu übertragen. So handeln Joey und sein Vater auch diesmal nach der erprobten Regel und senden das Wort Strolch zwischen sich hin und her. Und Joeys Vater gelingt es sofort, diese ausgezeichnete Lehr- und Lernmethode zu Joeys Vorteil einzusetzen.

Als Joey das Wort zum erstenmal seinem Vater hinüberschickt, läßt er die schwierigen Frikative und Dentale aus und sagt »Ssrolss«. Joeys Vater tut nun das, was die meisten Eltern intuitiv tun würden: Er wiederholt das Wort und betont dabei klar und deutlich die Teile, die noch nicht gelungen waren, »Strolch«, und läßt die Teile unbetont, die schon in Ordnung waren, »Srol«. Deshalb erscheint Joey die Antwort seines Vaters »rein und kantig«. Mit dieser Lehrmethode erfaßt Joey schnell, worum es geht. Als sein Vater dann »Ja genau, du bist mein kleiner Strolch«, in seiner normalen Sprechweise sagt, ist das für Joey so, als würde sein Vater die Form wieder zu ihm zurücksenden, und zwar »kraftvoll und frei.«

Joey hat sich das Wort jetzt zu eigen gemacht. Er muß daran arbeiten und es auf sich einwirken lassen. Die Überraschung über seine Entdeckung hilft ihm bei beidem, indem sie seine Aufmerksamkeit erregt und auf das Wort selbst lenkt: »Diese neue Form läßt etwas in mir mitschwingen.« Und nun passiert etwas Wunderbares. Soweit sich die Bedeutung eines Wortes allmählich herausschält, wird sie Joey gewissermaßen von einer anderen Person außerhalb seiner selbst gegeben. Im gleichen Augenblick aber entdeckt und erschafft er sie selbst für sich ganz allein. Zuerst gab ihm sein Vater das Wort Strolch als ganz persönliches Geschenk. Joey hat jedoch bereits Erfahrungen (die Erfahrung seiner selbst innerhalb der liebevollen Bindung an seinen Vater), die von vornherein zu dem Wort passen. Joey ist es, der die Beziehung zwischen dem neuen Wort und seinen bisherigen Erfahrungen erkennt und schafft: »Sie wächst und dehnt sich aus. Ich lasse sie überfließen. Sie strömt ganz an mir herab. Ich drücke sie ganz eng an meine alten Gefühle.« Vor diesem Hintergrund ist das Wort gleichzeitig Geschenk und Fundsache, eine Entdeckung und eine Schöpfung des Geistes: »Die Form entfaltet sich von selbst, aber sie keimt auch in mir und tritt hervor.«

Hat Joey erst einmal an dem Wort gearbeitet und es auf sich einwirken lassen, gehört es ihm. Er kann es jetzt verwenden, um einen neuen Aspekt seines Selbst zu bezeichnen, der aus diesem Kontext der besonderen Beziehung zwischen ihm und seinem Vater erwächst: »Ich bäume mich aus dem Tal empor und bekenne mich zu ihr: »Ich ›Strolch!‹«

Und noch ein geheimnisvolles Element gibt es dabei. Joey hat die Wortfolge »Ich Strolch« niemals zuvor gehört, vielleicht hat sie noch nie jemand so gesagt. Sein Vater hat nur gesagt »kleiner Strolch« und »mein kleiner Strolch«, aber niemals »Ich Strolch«, und es ist auch nicht wahrscheinlich, daß er das je gesagt hätte. Insofern ahmt Joey niemanden nach, sondern er schafft eine Bedeutung, indem er sich selbst (»Ich«),

125

einen Wortklang (S-t-r-o-l-c-h) und eine bestimmte Erfahrung, eine Art und Weise, vom Vater geliebt und als Person gesehen zu werden (»Ich Strolch«), zusammenbringt.

Diese kleine Episode, ein Beispiel für die ungeheure Aufgabe, Erfahrungen von der vorsprachlichen in die sprachliche Welt zu übertragen, war angenehm für Joey. Diese Neuorganisation kann aber auch Probleme mit sich bringen, wie wir im folgenden Abschnitt sehen werden.

## 10. Welten prallen aufeinander – 7.21 Uhr morgens

Etwas später an demselben Morgen, als alle aufgestanden sind, steht Joey in seinem Zimmer und wartet darauf, angezogen zu werden. Seine Mutter wird jeden Moment kommen. Er sieht den Sonnenschein auf Wand und Fußboden. Er geht zu einem Lichtstreifen, der auf dem dunklen Holzboden liegt. Ganz fasziniert läßt er sich auf Hände und Knie nieder. Er sieht das Licht an. Er berüht es mit der Hand. Er beugt sich hinunter und berüht den Sonnenstrahl mit den Lippen.

In diesem Moment kommt seine Mutter zurück und sieht ihn. Sie ist überrascht und etwas angeekelt. Sie ruft: »Laß das sein! Joey, was tust du da?« Joey hält abrupt inne. Er starrt auf das Sonnenlicht und blickt dann seine Mutter an. Sie geht zu ihm, beugt sich zu ihm hinab, legt den Arm um ihn und sagt besänftigend, sogar mit einem Lächeln: »Das ist doch nur Sonnenschein, mein Schatz. Den darf man nur anschauen. Es ist doch nur Licht auf dem Fußboden. Den Sonnenschein kann man doch nicht essen! Er ist schmutzig.«

Joey sieht sie eine ganze Weile an und schaut dann zurück zu dem Sonnenlicht auf dem Boden. Er löst sich aus ihrer Umarmung und geht aus dem Zimmer.

*Da ist der Morgenglanz wieder, mit seinem langsamen Tanz an der Wand. Auch auf dem Fußboden ist ein See davon, leuchtend und schön und tief. Es ist, als würde man eine ganz lange Treppe hinabsehen. Er ist wie eine warme Decke. Er vibriert wie Musik, er leuchtet wie Honig und er schmeckt wie...*

*Mamis Stimme schlägt mich. Sie läßt meinen hellen Raum so-*
*fort gefrieren. Sie vertreibt die Wärme, läßt die Musik ver-*
*stummen und den Glanz stumpf werden. Warum nur?*
*Ich suche ihr Gesicht. Ich sehe, wie es um ihre Nase herum*
*ganz kraus ist. Dann wird es rasch ärgerlich. Beide Gefühle*
*verschwinden zusammen von ihrem Gesicht, und schnell sieht*
*sie mich wieder lieb an. Ich bin noch immer wie betäubt. Sie*
*hält mich fest und sagt sanfte, aufmunternde Worte. Aber je-*
*des ihrer Worte ist ein gedämpfter Stoß, der meinen leuchten-*
*den Raum in Stücke schlägt.*
*»Nur Sonnenschein« – aber das war doch mein See, mein ganz*
*besonderer Lichtsee!*
*»Den darf man nur anschauen« – aber ich habe ihn gehört,*
*und ich habe ihn auch gefühlt!*
*»Nur Licht auf dem Fußboden« – Wie ist das möglich?*
*»Er ist schmutzig« – Ich war in ihm.*
*Als sie aufhört, liegen überall die Scherben. Jene Welt ist aus-*
*gelöscht. Ich fühle mich nackt. Ich bin traurig und ganz allein.*

Sprache kann neue Welten erschaffen wie die des »Ich
Strolch« im vorigen Abschnitt. Aber sie kann auch Welten
zerstören, wie in diesem Fall.

Am Anfang dieser Szene sieht Joey seinen alten Freund,
den Sonnenstrahl, wieder, und er zieht ihn zurück in die
ganzheitliche, vorsprachliche Erfahrungswelt der vermisch-
ten Sinneseindrücke, die ich weiter oben beschrieben habe.
Gerade diese non-verbale Welt ist in Gefahr, beim Zusam-
menprall mit der Welt der Sprache zerstört zu werden.

Als Joey den Sonnenstrahl im Alter von sechs Wochen ken-
nenlernte (in Abschnitt 1), war für ihn alles Gegenwart. Als
Erwachsene verbringen wir insgesamt weniger Zeit in der Gegenwart. Unsere Erinnerungen an vergangene Erfahrungen
sind so reichhaltig und so leicht zu wecken, daß die Vergangenheit fast zwangsläufig unsere Gegenwart durchdringt und
bereichert und uns die Möglichkeit gibt, diese zu deuten.
Auch Vorhersagen über künftige Ereignisse vermischen sich

mit der Gegenwart in Form von Phantasien. Als Folge ist unser subjektives Erleben in der Gegenwart uneinheitlich. Sie ist wie ein buntschillerndes Gewebe, dessen Schußfäden aus Vergangenheit und Erwartungen für die Zukunft bestehen und bei dem nur die Kette aus dem Hier und Jetzt gebildet wird.

Der jetzt fast zweijährige Joey lebt nun nicht mehr in demselben gegenwärtigen Augenblick wie das sechs Wochen alte Baby. Seine Gegenwart ist jetzt ebenfalls reich an vergangenen Erfahrungen. Verändert hat sich vor allem die Reichweite und Macht seines Erinnerungsvermögens, das bereits durch eine winzige Andeutung aktiviert werden kann. (Wenn er wegen einer Impfung zum Kinderarzt muß, genügt es jetzt, daß er einen weißen Kittel sieht oder den typischen Geruch riecht, um ihn zum Weinen zu bringen.) Joey besitzt nun alle Voraussetzungen und Fähigkeiten, um die subjektive Gegenwart ebenso wie ein Erwachsener als Patchwork aus zusammengestückelten Zeiten und Orten zu erleben. Aber tut er das tatsächlich?

Ich vermute, daß in diesem Augenblick des Alleinseins, wo Joey in die Betrachtung des Sonnenstrahls wie in einen Tagtraum völlig versunken ist, seine Erfahrung der Gegenwart unserer Art des Erlebens näher ist als seiner eigenen mit sechs Wochen. Seine Erfahrung des Hier und Jetzt wird inzwischen zum großen Teil durch die Erinnerungen an vergangene Erlebnisse geprägt.

Für Joey ruft »der Morgenglanz« Erinnerungen wach an seinen alten, vertrauten Freund, den Sonnenstrahl an der Wand mit seinem »langsamen Tanz«. Am meisten beeindruckt ihn jedoch das Sonnenlicht auf dem Fußboden, das wie ein »See« auf ihn wirkt. Dieser See – er ist »leuchtend und schön und tief« – fasziniert ihn im Hier und Jetzt. Er weckt noch weitere vorsprachliche Erinnerungen, die emporsteigen und zur Erfahrung der Gegenwart beitragen. Der »See« gemahnt an große Tiefen, die er anderswo erfahren haben muß, »als würde man eine lange Treppe hinabsehen«. Joey verbindet mit ihm die Vorstellung einer »warmen Decke«, die er sicher oft gefühlt hat. Das Schimmern des Sonnenstrahls ruft die Erinnerung an musikalische Vibrationen wach, die eigentlich nicht zum jetzigen Augenblick gehören. Der Glanz erinnert ihn an die strahlende Farbe des Honigs, den er jeden Morgen im Glas sieht. Joeys Erinnerungsvermögen ist in voller Aktion. Assoziationen werden ausgelöst, Erinnerungsspuren aktiviert, und zwar sicherlich aus einem Zustand der Bewußtheit heraus. Trotzdem bilden diese Aktivierungen das Gerüst für Joeys Erfahrung der Gegenwart.

Um diesen ganz persönlichen Bildteppich weben zu können, muß Joey in der Lage sein, Erfahrungen über Raum und Zeit hinweg miteinander zu verbinden. Noch bis vor kurzem dachte man, daß Kleinkinder Sprache und Symbole nicht nur dazu benötigen, Geschehnisse darzustellen, sondern auch, um diese Darstellungen miteinander verknüpfen zu können. Heute scheint es, daß selbst globale vorsprachliche Erfahrungen auch ohne Umsetzung in Worte gespeichert und abgerufen werden können. Und Verbindungen zwischen diesen non-verbalen Teilstücken können in Form von komplexen Verflechtungen erfolgen. Dies kann Joey nun leisten.

Eine vorsprachliche Begebenheit wird zwar ganzheitlich als ein einziges Ereignis erlebt, besteht aber eigentlich aus verschiedenen Teilen: wie etwas riecht, aussieht, sich anfühlt und so weiter. Ein Geruch kann Erinnerungen an einen schon einmal erlebten Geruch wachrufen und damit ein vergangenes Erlebnis vollständig wiedererstehen lassen. Symbole oder Wörter sind für diese Art von assoziativen Verknüpfungen nicht notwendig, allerdings werden sie benötigt, um das hierbei entstehende Netzwerk klar und in seinen Einzelteilen unterscheidbar zu machen. Die Vernetzungen, die wir Erwachsenen produzieren, sind schärfer umrissen und können wieder zerlegt werden, wobei ihre ursprünglichen Bestandteile erneut zum Vorschein kommen. Bei Joey ist das nicht möglich, da diese Teile noch niemals in Worte gefaßt wurden.

Als Joeys Mutter das Zimmer betritt und ihn mit den Lippen den Boden berühren sieht, ist er völlig in die Betrachtung des Sonnenstrahls auf dem Fußboden versunken, dabei verschwimmen für ihn Vergangenheit und Gegenwart. Joeys Mutter jedoch ist bestürzt, sie möchte ihn davon abhalten. Ihr Ruf »Laß das sein!« ist wie ein Donnerschlag, der seine träumerische Stimmung brutal unterbricht. Alles steht still. Joeys Tagtraum verliert plötzlich alle Lebendigkeit, seine strahlend helle Wirklichkeit gefriert. Joey weiß nicht, warum dies geschieht, und sucht in ihrem Gesicht nach einer Erklärung. Dort sieht er zunächst Abscheu und Zorn. In unerwarteten Situationen kann das menschliche Gesicht in Sekundenbruchteilen nacheinander verschiedene Gefühlszustände zeigen. Der anfängliche Ekel über die Tatsache, daß Joey mit den Lippen den Fußboden berührt, weicht bald Ärger darüber, daß er offenbar nicht weiß, was er da anstellt. Der Ärger verfliegt aber sofort, als sie sich darüber klar wird, daß er das natürlich noch nicht kann und daß die Situation eigentlich rührend komisch ist. Liebe und Mitgefühl zeigen sich nun auf ihrem Gesicht. Wie jedes Kind verfolgt Joey diese wechselnden Gefühle in ihrem Ausdruck, kann diese aber nicht mit seiner unmittelbaren Erfahrung in Einklang bringen.

Nun kommt für Joey der schlimmste Teil dieses Erlebnisses. Seine Mutter hat sich von dem Schrecken erholt und versucht nun, alles wieder gutzumachen. Dazu verwendet sie Sprache. Was aber geschieht dabei? Ohne es zu wollen zertrümmert sie fast systematisch Joeys vorsprachliche, ganzheitliche Welt Stück für Stück. Joeys Tagtraum vereinigt gleichberechtigte Elemente ganz verschiedener Sinnesmodalitäten: Intensität, Wärme, Vibration und Leuchtkraft. Wesentlich dabei ist, daß diese Erfahrung ihm nicht als visuelle Wahrnehmung bewußt wird. Doch genau das macht seine Mutter ihm deutlich. Ihre Worte (»Den darf man nur ansehen« ...»Es ist nur Licht«) schälen genau die Eigenschaften heraus, an denen Joey sein Erlebnis als ausschließlich visuelle Erfahrung festmachen muß. Dabei trennen ihre Worte die visuelle Wahrnehmung von dem globalen Fluß (fühlen-hörenberühren-sehen) ab, in den sie ursprünglich eingebettet war, und zerstückeln so Joeys ganzheitliche Erfahrung: »aber das war doch mein See«… »ich habe ihn gehört, und ich habe ihn auch gefühlt!«

Ihre nächsten Worte (»Es ist nur Licht auf dem Fußboden. Den Sonnenschein kann man doch nicht essen!«) haben eine andere Wirkung auf Joeys Welt. Sie erklärt und analysiert die Situation. Günstigstenfalls können Wörter dies besser als alles andere. Um eine Erfahrung zu erklären und zu analysieren, muß man sich von ihr distanzieren. Joey aber stand mitten in seiner Erfahrung, er sah sie nicht an, sondern erlebte sie unmittelbar. Die Worte seiner Mutter zwingen ihn in eine gewisse Distanz zu seinem eigenen Erleben. Indem sie den Sonnenschein immer wieder »schmutzig« nennt, reduziert sie die reichgefächerte, ganzheitliche Träumerei auf einen einzigen, noch dazu »negativen« Aspekt des Ganzen, so daß Joeys Tun nun zu einer verbotenen Handlung wird. Mit jedem weiteren Satz seiner Mutter zerbricht Joeys Welt immer mehr, der leuchtende Raum wird in Stücke geschlagen, bis schließlich überall die Scherben liegen.

Während dieser Entwicklungsphase, in der Joey rasch den Umgang mit Sprache lernt, passieren ihm solche Dinge sicher täglich viele Male. Bei diesen Zusammenstößen der sprachlichen mit der vorsprachlichen Welt schafft er es zuweilen, die non-verbale Welt ein Stück weit hinter sich zu lassen und in die verbale Welt hinüberzuspringen, wie es ihm mit »Ich Strolch« gelang, und damit eine neue, parallele Welt zu schaffen. Bei anderen Gelegenheiten erscheint ihm die vorsprachliche Welt als zu brüchig, als daß er einen sicheren Halt für den Absprung finden könnte. Dann befindet er sich im Niemandsland zwischen der alten Welt, die keinen Halt mehr bietet, und der neuen Welt, in der seine Mutter jetzt gerade steht und die fern und befremdlich auf ihn wirkt. Er hat die eine Welt verloren, ohne die andere bereits erobert zu haben: »Ich fühle mich nackt. Ich bin traurig und ganz allein.«

Solche Momente sind die Bruchstellen in der Erfahrung der

Intersubjektivität zwischen Eltern und Kind. Joeys Mutter hat nur für einen Augenblick Joeys Sicht der Situation nicht mitfühlen können, und es gelingt ihr nicht, den Schaden zu beheben. Es ist wichtig, daß Eltern wissen, welche Bedeutung solche Bruchstellen in dieser Entwicklungsphase haben, wenn ihr Kind mühsam den neuen Code auf seine alten Erfahrungen zu übertragen versucht. Dies gilt vor allem, wenn die Brüche sehr fein sind und man nicht genau weiß, was eigentlich schiefgegangen ist und warum. Nur Bezugspersonen, die sich wirklich in das Kind einfühlen können, sind in der Lage, ihm dabei zu helfen, die beiden widerstrebenden Welten zu einer Einheit zu verknüpfen.

Kapitel V

# Die Welt der Geschichten
## Joey mit vier Jahren

Im dritten Lebensjahr macht das Kind einen weiteren riesigen Entwicklungssprung, der es von Grund auf verändert und zugleich in seiner Eigenheit beläßt. Wie bereits bei allen vorausgegangenen Entwicklungsprozessen wandelt sich dadurch jeder einzelne von Joeys Erfahrungsbereichen, doch in diesem Tagebuch spielt nur einer davon eine ganz besondere Rolle. Joey kann nun selbst von seinen Erlebnissen und allem, was ihm widerfährt, berichten und es zu seiner eigenen autobiographischen Geschichte verknüpfen.

Eine Geschichte zu erzählen erfordert mehr, als nur die Dinge beim Namen nennen zu können, wozu Joey schon seit seinem zweiten Lebensjahr in der Lage ist. Sie geht weit darüber hinaus. Man muß dazu den ganzen Kosmos menschlicher Aktivitäten nicht nur wahrnehmen, sondern auch im Sinne von Handlungssträngen interpretieren können. Geschichten bestehen aus handelnden Personen mit zielgerichteten Wünschen und Motiven. Sie ereignen sich in einem ganz bestimmten materiellen, geographischen und historischen Kontext, der für das Verständnis der Handlung hilfreich ist. Außerdem hat jede Geschichte einen Anfang, eine Mitte und ein Ende. Die Spannung wird entweder auf einen dramatischen Höhepunkt zu aufgebaut oder flaut nach einem anfänglichen Kulminationspunkt allmählich ab. Damit will ich sagen, daß Joey nun beginnt, in menschlichen (einschließlich seinen eigenen) Verhaltensweisen psychologische Erklärungsmuster zu sehen, die er in die Struktur seiner Schilderung einbettet.

Stellen wir uns dazu folgende Abfolge von Ereignissen vor:
1. Ein Mann geht einen Bürgersteig entlang. 2. Er will gerade
die Straße überqueren. 3. Ein Mann und eine Frau gehen
Hand in Hand auf der anderen Straßenseite auf den Punkt zu,
an dem der erste Mann eintreffen müßte. 4. Dieser bleibt mitten auf der Straße stehen, 5. er zögert, und geht 6. wieder zum
Bürgersteig zurück. 7. Er geht weiter. Ein Erwachsener wird
automatisch aus dieser Reihenfolge eine Geschichte im Sinne
einer psychologischen Interpretation der Ereignisse herausle-
sen, bei der die Personen zielgerichtet und motiviert innerhalb eines bestimmnten Kontexts handeln und das Geschehen
in einer dramatischen Kurve verläuft. Dabei gibt es jeweils
viele Deutungsmöglichkeiten für eine Geschichte; vielleicht
ist die Frau auf der anderen Straßenseite die Ehefrau des ersten Mannes. Oder der eine Mann schuldet dem anderen Geld
und will ihm deshalb nicht begegnen. Vielleicht ist er aber auch
ein Geheimagent, der das Paar auf der anderen Straßenseite
wiedererkennt und nun fürchten muß, von ihm verraten zu
werden. Natürlich sind auch noch andere Lösungen möglich.

Das Entscheidende dabei ist, daß die einzelnen Aktivitäten
des Mannes in der Vorstellung zu einer einzigen Handlung
verflochten werden. Eine entsprechende Version des Geschehens könnte dann folgendermaßen aussehen: »Ein Mann traf
zufällig seine Frau – das heißt: eigentlich stieß er fast mit ihr
zusammen – als sie händchenhaltend mit einem anderen
Mann unterwegs war. Wie vor den Kopf geschlagen wech-
selte er die Richtung und ging weiter, als ob nichts geschehen
wäre. So vermied er eine Begegnung mit ihnen, konnte sich
von seinem Schock erholen und über die Sache nachdenken.«
In dieser Schilderung geraten die sieben beobachteten Aktivitäten in den Hintergrund des Geschehens und dienen nur
noch als Anhaltspunkte, an denen die eigentliche Handlung
festgemacht wird. Statt dessen ist die Geschichte völlig in den
Vordergrund gerückt und definiert das beobachtete Ereignis.

Joeys riesiger Entwicklungssprung eröffnet ihm nun allmählich das Verständnis für die psychologische Bedeutung

solcher menschlicher Aktivitäten. Er wird von jetzt an sein ganzes Leben lang menschliche Situationen und Ereignisse überwiegend als psychologische Geschichten auffassen, auch wenn diese anfangs nur einer einfachen Handlungsstruktur folgen.

Aber nicht nur bei Joey wandelt sich diese Art, menschliche Verhaltensweisen zu betrachten, denn alle Kinder im Alter zwischen circa zweieinhalb bis vier Jahren erfinden und erzählen Geschichten über ihr eigenes Leben. Auch Erwachsene in allen Kulturen äußern sich auf diese Weise über sich selbst: Ihre Geschichte, ihre Überzeugungen, Werte und Gewohnheiten werden zu psychologischen Schilderungen. Sie stellen eine der mächtigsten Formen der Selbstdarstellung innerhalb einer Kultur dar und sichern auf äußerst wirksame Weise das eigene Fortbestehen.

Weil das Erfinden (und Erzählen) von Geschichten nicht nur in allen Kulturen verbreitet ist, sondern überall auf der Welt auch als entscheidende Entwicklungsstufe bei Kindern anzutreffen ist, halten wir es heute für eine universale menschliche Fähigkeit. Wie das Sitzen, Laufen und der Spracherwerb entwickelt sie sich beim Kind nach einem genetisch vorprogrammierten Ablaufmuster. Wann genau und wie vollständig sie sich entfaltet, hängt natürlich auch von den Bedingungen der Umgebung ab, in der das Kind aufwächst.

Es scheint in der Natur des menschlichen Geistes zu liegen, daß wir für alles, was uns und anderen widerfährt, nach Erklärungen suchen. Zwischen unseren extrem unterschiedlichen Einzelerfahrungen existiert meist nur eine lockere Verbindung, und der von uns unterstellte Zusammenhang beruht oft lediglich auf den äußeren Umständen oder bloßen Zufällen. In dieser unübersichtlichen Situation sucht unsere Ratio nach sinnvollen Anhaltspunkten für einen kohärenten, umfassenden, schlüssigen und nachvollziehbaren Zusammenhang zwischen den einzelnen Elementen. Das Erzählen einer Geschichte ist nur einer von vielen möglichen Wegen, Fakten überschaubar anzuordnen. Sie ist das Ergebnis der ununter-

brochenen Suche des Verstandes nach Ordnung, nach einem
»größeren Rahmen«, in den eine Handlung eingebettet werden kann. Obschon diese Suche bereits mit der Geburt beginnt, ist der drei- bis vierjährige Joey nur begrenzt in der
Lage, einen Überblick über seine unterschiedlichen Erfahrungen zu bekommen – zunächst gelingt ihm das nur für relativ kleine Erlebnisausschnitte. Seine geistigen Fähigkeiten
und sein Begriffsvermögen sind durch diesen Entwicklungssprung so gewachsen, daß er nun genügend einzelne Ausschnitte zu einer einheitlichen Geschichte zusammenfügen
kann, so daß zwischen den Ausschnitten eine Verbindung
entsteht, die bestimmten, den Menschen angehenden Vorgängen einen Sinn zuordnet. Ein Leben lang wird die Handlung der Grundstein sein, auf dem unser Verständnis für alle
uns berührenden menschlichen Ereignisse beruht.

Lesen wir Joeys Geschichte nicht, wie er sie erlebt hat, sondern wie er sie erzählt, so stellt sich uns hinsichtlich seiner
Art, die Geschichte zu erzählen, eine zentrale Frage. Woher
stammt der Stoff für seine Geschichte? Eine wichtige Quelle
sind vergangene Erlebnisse, die er aus seinem Gedächtnis ab-
ruft. Sie können jedoch nicht die einzige Grundlage sein, da
seine Geschichten sonst nur solche Ereignisse enthielten, die
ihm wirklich zugestoßen sind und an die er sich lediglich erinnert oder die er in der Gegenwart neu deutet. Wie kommt es
dann, daß an Joeys Wand ein unsichtbarer Löwe haust, und
daß Joey vom Bett aus Angeln kann wie in Abschnitt 11 seines
Tagebuches?

Wie bei allen Kindern geht auch Joeys Geschichte über die
Realität hinaus, und wird zu einer anderen Wirklichkeit. Das
hat mehrere Gründe. Zunächst einmal kann Joey Erinnerungen an Ereignisse, die er zu unterschiedlichen Zeiten und an
verschiedenen Orten erlebt hat, kunterbunt miteinander vermischen. Manche seiner Erzählungen enthalten Erinnerungen an Erlebnisse der nahen oder fernen Vergangenheit, die
so dargestellt werden, als seien sie zusammengehörige Teile
derselben sich in der Gegenwart ereignenden Geschichte.

Zweitens können einige der in die Erzählung hineingeknüpften Teile fiktive Ereignisse oder reine Phantasieprodukte sein, wie zum Beispiel Joeys Löwe (wobei es natürlich einen Zusammenhang zwischen solchen imaginären Ereignissen und den tatsächlichen Erfahrungen in der Vergangenheit gibt). Und drittens folgt jede Schilderung einer bestimmten Erzählstruktur, die von Joey verlangt, daß er seine diffusen, vielfältigen subjektiven Erfahrungen in eine strenge Form zwingt. Oft ist es mühsam, den widerspenstigen Rohstoff direkter subjektiver Erfahrungen so zu bändigen, daß er sich in die Ordnungselemente der Geschichte einfügt. Dazu muß einiges an Material weggelassen werden, während anderes zur besseren Wirkung einer geschickten Aufbereitung bedarf. Und weil die Geschichte davon lebt, daß sie weitererzählt wird, muß sie zuguterletzt auch noch auf den Zuhörer zugeschnitten werden. Dazu muß der Erzähler eine Haltung einnehmen können, die sowohl dem Stoff als auch den Zuhörern gerecht wird. Aus diesem Grund erfordern manche Geschichten mehrere Versionen.

So erschafft Joey mit jeder seiner Geschichten eine neue Realität und besitzt nun zwei Wirklichkeiten, mit denen er lebt: Die eine ist seine gelebte subjektive Erfahrung, die andere die in der jeweiligen Geschichte dargestellte. Diese beiden Wirklichkeiten sind nicht identisch, auch wenn sie verwandt sind. Sie sind parallel.

Um diese beiden Welten deutlich werden zu lassen, beschreibt Joeys Tagebuch wie schon zuvor zunächst seine unmittelbaren subjektiven Erlebnisse an einem Vormittag. Eine Stunde später erzählt mir Joey selbst, was er an diesem Vormittag erlebt hat. Im Nebeneinander der beiden Realitäten wird klar, wie ein Kind den Stoff seiner subjektiv erlebten Welt in eine erzählte Welt umwandelt.

Aber auch das Wesen von Joeys subjektiver Erfahrung selbst hat sich geändert. Sie ist insofern der Erwachsener ähnlich, als er die verschiedenen Ereignisse viel freier und ohne Rücksicht darauf verknüpft, wann oder wo sie stattfanden und ob sie wirklich geschehen sind oder nur in der Phantasie existieren. Oft, wenn nicht immer, ereignen sich zwei oder mehr Dinge gleichzeitig, und weil Joeys Assoziationen mit Raum, Zeit und innerer Logik unbekümmert umgehen, lebt er in einem überquellenden Bewußtseinsstrom. Was er gerade eben erlebt hat, kann Ereignisse der nahen und fernen Vergangenheit mobilisieren und mit ihnen zu einem einzigen subjektiven Erfahrungsstrom zusammenfließen. Mit dem Reichtum und dem ungebändigten Fluß dieser Erlebnisse fühlt sich Joey so wohl wie jeder andere Mensch (so sollte es jedenfalls sein). Denn ob Sie nun vier Jahre als sind oder bereits erwachsen: So funktioniert nun einmal der menschliche Geist, und zwar vor allem dann, wenn er einigermaßen ungehindert strömen darf.

Ich setze auch voraus, daß Joey Zugang zu Erinnerungen an seine früheste Kindheit hat, wie beispielsweise an das Erlebnis mit dem Sonnenstrahl an der Wand. Damit meine ich nicht, daß er sich an den Vorgang als solchen erinnert, sondern eher an das damals in ihm ausgelöste Gefühl mit seinen Assoziationen. Es gehört zu einer Art von Erfahrungen, die immer wiederkehren können und in der Vergangenheit schon mehrfach aufgetreten sind. Sie können wachgerufen werden, weil er sie in den unterschiedlichsten Stationen seines Lebens schon mehrfach erlebt hat. Es handelt sich um eine Kategorie von Erinnerungen, die verarbeitet wurden und zugänglich bleiben. Alte Erinnerungen, die nicht verwendet, das heißt, weder reaktiviert noch in einen neuen Zusammenhang gebracht werden, verblassen leicht – wenn auch vielleicht niemals ganz – und werden dann zum schlechter verfügbaren Teil der geistigen Landschaft. Anders ist es, wenn sie häufig hervorgeholt und auf den neuesten Stand gebracht werden, denn dadurch bleiben sie ständig lebendig.

Was Joeys Geschichte angeht, so besteht seine Aufgabe darin, mir seinen Erlebnisstrom zu schildern. Damit liefert er nicht einfach eine andere Version der Ereignisse, sondern schafft eine Version, die die »offizielle«, allgemeingültige Fassung werden könnte. Weil wir in unseren Geschichten über vergangene Erlebnisse immer eine Auswahl aus unseren unzähligen Erfahrungen treffen, definieren sie letztlich für jeden von uns das, was sich »wirklich« ereignet hat. Auch Joey beschäftigt sich in diesem Sinne mit dem ebenso bedeutsamen wie alltäglichen Brauch aller Menschen, ihre Vergangenheit zu erschaffen.

Was aber, wenn gelebte und geschilderte Vergangenheit stark voneinander abweichen oder sich sogar widersprechen? Hier fällt auf, daß bei von Kindern erzählten Geschichten (vor allem bei der »offiziellen« Version vergangener Ereignisse) normalerweise ein Elternteil beteiligt ist, daß sie eine Gemeinschaftsarbeit sind. So erzählt ein körperlich mißhandeltes Kind vielleicht eine Geschichte, in der es seine Eltern entschuldigt: »Sie schlagen mich, weil sie sich so große Sorgen um mich machen.« Diese Schilderung hält wahrscheinlich nicht nur Außenstehende davon ab, die Eltern wegen der Mißhandlung zur Rede zu stellen (was das Kind zudem vor neuerlichen Schlägen schützen würde). Sie birgt auch das Risiko, daß das Kind sie schließlich selbst glaubt und die Geschichte zur eigenen Wahrheit macht. Oder nehmen wir das kleine Mädchen, das erzählt: »Meine Mutter ist die liebste und lustigste Mutter von der Welt. Sie spielt immer mit mir. Wir spielen mit Puppen und so…« In dieser Version verbirgt sich vielleicht die Tatsache, daß das Mädchen seine Mutter als allzu spielfreudig erlebt, daß sie möglicherweise nicht so sehr mit ihrer Tochter als für sich selbst spielt und in ihrer eigenen Welt gefangen ist, während sie zusammen spielen. Für dieses Mädchen mag es zu schmerzhaft und verwirrend sein, eine Geschichte zu entwerfen, die der Wirklichkeit näherkommt. Ein anderes Beispiel ist der Vater, dessen Augen beim Anblick seines ältesten Sohnes aufleuchten und sich verdüstern, sobald der Jüngere auftaucht. Dessen Geschichte ist dann zwar aus zweiter Hand, wird aber trotzdem zu seiner eigenen Wahrheit: »Mein Vater mag uns beide gleich gern – das sagt er sogar selbst.« Solche Geschichten sorgen demnach nicht nur für eine verzerrte Wahrnehmung der Realität, sondern verewigen sie auch und tragen in starkem Maße zu seelischen Störungen bei. In der Psychotherapie geht es ja zumeist darum, verschüttete Dinge ans Tageslicht zu bringen. Die Betroffenen versuchen zunächst ihre erlebte subjektive und ihre erzählte Wirklichkeit aus der Tiefe hervorzuholen und auszusprechen. Beides wird dann miteinander verglichen und durch Veränderung einer der beiden Welten so weit in Deckung gebracht, daß beide einigermaßen miteinander in Einklang sind. Meist wird die Welt der Geschichten verändert.

In der normalen Entwicklung hat das Ausdenken und Erzählen von Geschichten die wichtige Funktion, den täglichen Prozeß der Selbstfindung zu erleichtern. Das Kind, das eine autobiographische Geschichte erzählt, definiert damit nicht nur seine Vergangenheit, sondern erschafft zugleich seine eigene Identität. Das geschieht täglich viele Male, beispielsweise wenn es berichtet, was im Kindergarten los war, was es zum Frühstück gegessen hat, wie es sich gerade eben mit seiner Schwester gestritten oder was es zusammen mit der Mutter eingekauft hat. Das Erfinden und Erzählen einer Geschichte gleicht dabei einem Selbsterfahrungskurs, in dem das Kind mit seiner Selbstwerdung experimentieren kann. Für das sich in seinem Reifungsprozeß laufend verändernde Kind ist das besonders wichtig, da sich auch seine Identität ständig wandelt. Es muß mit verschiedenen Versionen seiner Selbstdefinition experimentieren – von den offiziellen bis zu den ganz persönlichen.

Im Abschnitt 11 betritt Joey diese dynamische Welt, in der er sich gleichzeitig entdeckt und erschafft. Es wird die letzte Welt sein, in die wir ihm folgen, aber nicht deshalb, weil er danach keine andere mehr betreten würde. Er ist jedoch von da an selbst in der Lage, seine autobiographische Geschichte zu verfassen und weiterzuerzählen – meine Hilfe braucht er dazu jedenfalls nicht mehr.

## 11. Parallele Wirklichkeiten
### 8.00 Uhr und 9.00 Uhr morgens

Die Stimmung an diesem Morgen ist noch von den Ereignissen des gestrigen Abends geprägt, als eine befreundete Familie mit ihrer kleinen Tochter, die genauso alt ist wie Joey, zu Besuch war. Joey und Tina gerieten wegen eines Spielzeugs in Streit. Er schlug sie, sie blutete an der Lippe, und allen war am Ende die gute Laune verdorben. Joey wurde in sein Zimmer geschickt. Sogar das Gutenacht-Ritual war an diesem Abend gestört – das Schlaflied, das er sonst mit seiner Mutter singt, fiel aus.

Nun ist es Morgen. Joey wacht auf und bleibt noch eine Weile nachdenklich im Bett liegen. Dann geht er ins Zimmer seiner Eltern, die gerade aufwachen. Alle drei kuscheln miteinander und kitzeln sich gegenseitig zum Spaß. Dann geht Joey mit seiner Mutter in die Küche, wo sie das Frühstück macht.

In Joeys Tagebuch sind diese drei Ereignisse in der Reihenfolge eingetragen, wie sie ablaufen: in seinem Bett – im Bett seiner Eltern – in der Küche. Wie seine anderen Eintragungen geben auch sie seine persönlichen, subjektiven Erfahrungen wieder. Auf die unterschiedlichen Quellen und Altersphasen, aus denen die einzelnen Flicken zum »Patchwork« seiner subjektiven Erfahrung stammen, bin ich bereits eingegangen. Ich kennzeichne sie jeweils in den drei folgenden Tagebuch-Eintragungen folgendermaßen: mit einer einfachen Klammer – () – versehe ich Ereignisse aus Joeys naher Vergangenheit. Weiter zurückliegende Ereignisse, die bereits in diesem Tagebuch beschrieben wurden, sind von doppelten Klammern

– (()) – umgeben, und phantasierte Ereignisse werden durch eckige Klammern markiert – [ ] –. Darüber hinaus erscheint alles, was gerade in der Gegenwart geschieht, ganz normal ohne jede Markierung. Für Joey vermischen sich natürlich alle diese Teilstücke zu einer einheitlichen gelebten Gegenwart.

Etwa eine Stunde nach Joeys Erlebnissen, so wie sie im Tagebuch erscheinen, treffe ich – wie so oft – zu einem Besuch bei ihm und seinen Eltern ein. Er kennt mich gut. Ich frage ihn, was er heute morgen gemacht hat, und er erzählt es mir.

Seine Darstellung der morgendlichen Ereignisse ist natürlich nicht aus einem Guß. Wie die meisten Kinder erzählt er seine Geschichte in kleinen Häppchen, und weil er dabei noch Hilfe braucht, liefere ich ihm hier und da das Stichwort mit ungezielten Fragen wie »Ach ja?« und »Und dann?«. Auf diese Weise erzählt er seine Geschichte in Form eines Dialogs.

Diesen Dialog habe ich so aufgeteilt, daß jede der drei Episoden aus Joeys Geschichte dem entsprechenden Tagebuch-Eintrag folgt. Weil erlebte und erzählte Wirklichkeit hier unmittelbar nebeneinander gestellt werden, ist Joeys Umgestaltung der beiden Welten klar erkennbar. Zusammen fließen sie in die Erzählversion seiner gelebten Erfahrung ein, zumindest in jene, die er mir berichten kann und will.

## IN MEINEM BETT

### Joeys Tagebuch

*Ich betrachte meinen Sonnenstrahl an der Wand. Er fühlt sich gut an. ((Der Tanz der warmen Farben erscheint an der Wand.))*

*Er ist ganz gelb wie der Löwe in meinem Bilderbuch. [Der Löwe im Buch wird langsam wach, gähnt und zeigt dabei alle Zähne.]*

*(Wenn Mami tut, als wäre sie ein Löwe, bewegt sie sich ganz langsam). ((Wie der Tanz an meiner Wand.)) (Sie reißt den*

Mund ganz weit auf und zieht die Nase kraus und grollt ganz laut. Sie rollt den Kopf hin und her und schlägt mit der Pfote in die Luft, als wäre sie sehr stolz auf sich selbst.)

Sie ist nicht wirklich ein Löwe. Vor einem wirklichen Löwen hätten alle anderen Tiere Angst, weil er der stärkste von allen ist.

(Gestern habe ich Tina geschlagen, weil sie mich weggeschubst hat. Dann war ihre Lippe ganz blutig. Sie hat geweint und alle haben sich umgedreht und mich angeschaut, als ob ich ganz verändert gewesen wäre. Und dann habe ich Mami angeschrien und Papa ist herumgefahren und hat mich auch so komisch angesehen – als ob ich mich ganz verändert hätte.)

(Am liebsten wäre ich verschwunden oder ganz weit weg gewesen. Ich war wie festgenagelt. Mein Gesicht war ganz heiß und jeder hat es gesehen. Ich konnte nicht entkommen und auch nicht zu ihnen hingehen. Dann hat mich Mami in mein Zimmer gebracht, hat die Tür zugemacht und mich allein gelassen. Erst habe ich geweint und dann habe ich ganz laut gesungen. Ich habe auf meinen Bettpfosten getrommelt.) ((Und irgendwo war ein langsamerer, tieferer Rhythmus.)) (Ich habe alle meine Spielsachen durcheinandergeworfen.)

((Innen explodierte alles, wurde hinausgeworfen und kam wieder zu mir zurück.)) (Niemand kam, und ich war ganz allein und wurde traurig.)

Mein Sonnenstrahl bewegt sich langsam, [wie der Löwe, der gerade wach wird. Meine Bettpfosten sind sein Käfig. Jetzt sitzt er gemütlich in seinem Käfig und ist nicht so allein. »Nicht wahr, Löwe?«] Dann kann ich ja jetzt weggehen.

# Joeys Geschichte

**D. S.:** *Na, Joey – was war denn heute morgen los?*

**Joey:** *Ich habe gespielt. Mit meinem Löwen. Er wohnt bei mir an der Wand.*

**D. S.:** *Ach ja?*

**Joey:** *Ja, und er ist ganz gelb und groß. Riesengroß! Aber er ist überhaupt nicht böse. Er ist ein lieber Löwe. Meine Mami und mein Papa wollen nicht, daß er herauskommt... Deshalb versteckt er sich hinter meinen Bettpfosten.\**

**D. S.:** *Hinter deinen Bettpfosten?*

**Joey:** *Meine Bettpfosten sind sein Käfig. Er geht im Käfig ganz langsam im Kreis herum. Er schleicht so langsam herum, weil er so allein ist. Gestern hat er getanzt und gesungen und hat mit den Händen und mit dem Schwanz an der Wand und auf den Pfosten Musik gemacht.*

**D. S.:** *Wirklich?!*

**Joey:** *Er hat ein ganz langes Lied gesungen. Wie er noch klein war und wie er gekämpft hat. Und dann kam ein großer Sturm, und alles war durcheinander und der Sturm hat alles weggeblasen. Ja, und das Lied hat den ganzen Tag gedauert bis es fertig war. Und dann, dann ist der Löwe schlafen gegangen.*

**D. S.:** *Sag bloß!*

**Joey:** *Er singt aber nicht, wenn Mami oder Papa hereinkommen.*

**D. S.:** *Nicht?*

**Joey:** *Nein. Man kann ihn nur morgens sehen. Aber manchmal kann ich ihn auch nachts sehen, wenn ich will. Aber morgens gefällt es ihm am besten.*

---

\* Das Sternchen in Joeys Geschichte markiert die Pause in seinem Bericht.

IM BETT BEI MAMA UND PAPA

## Joeys Tagebuch

*Ich schleiche also auf Zehenspitzen in ihr Schlafzimmer. Sie schlafen noch, glaube ich.*

*Vielleicht kann ich sie aufwecken. Aber wenn ich ganz still und leise in ihr Bett krieche, werden sie vielleicht gar nicht wach.*

*[Auf jeder Seite rollen riesige Wellen auf und ab so groß wie Berge. Mein Boot ist klein wie eine Nußschale. Ich lasse mich auf den Kamm der Welle hinauftragen und rutsche seitlich auf ihrem Rücken wieder hinunter.] ((Die morgendliche Brandung im Bett macht, daß die Lüfte wehen. Düfte und Geräusche ziehen fort und kommen wieder.))*

*Papa ist jetzt doch aufgewacht. Er sagt: »Schau mal – jetzt kommt eine ganz große, dicke Welle!« Er hebt sein Bein unter der Decke in die Höhe. Ich platze fast vor Vergnügen, [ich werde von der Welle ins Wasser getaucht] und liege unter der Bettdecke. Ich bin so froh, daß sie nun alle wach sind. ((Die Welt ist wärmer und schneller.))*

*Wir toben alle ausgelassen zusammen im selben Bett. [Wir sind alle im gleichen Boot und das ist unser Haus. Ich muß auf der Seite noch einen Fisch für das Frühstück angeln.*

*Ich habe einen Fisch an der Angel. Er zieht und zerrt und hopst aus dem Wasser. Das ist ein ganz besonderer Fisch. Er will nicht gefangen werden.]*

*(Einmal hat Papa einen riesigen orangeroten Fisch geangelt. Er hat ihn heimgebracht und ins Waschbecken getan. Und dann haben wir ihn aufgegessen.)*

*[Ich gehe wieder in die dunkle Höhle, zurück auf unser Schiff.]*

*((Einmal hat er ein Zauberwort in die dunkle Höhle gerufen, um einen besonderen Fisch zu fangen, und er hat sich in einen Strolchfisch verwandelt und dann bin ich aus der Höhle gekommen.)) [Und dann bin ich aus der Höhle gekommen,]*

*und ich krieche unter der Bettdecke hervor und Mami und ich
gehen in die Küche.*

## Joeys Geschichte

D. S.:   *Und was geschah dann?*

Joey:   *Ich bin in das Zimmer von Mama und Papa gegangen,
um zu spielen.*

D. S.:   *Und was war da los?*

Joey:   *Also – sie haben noch geschlafen. Da habe ich »Nußschale« gespielt.*

D. S.:   *Was ist das – Nußschale?*

Joey:   *Ich habe eine Nußschale, mit der kann ich überall se-
geln – in der Badewanne oder im Ozean oder in der
Teetasse. Und ich segle auch mit ihr auf dem Bett.*

D. S.:   *Aha – und dann?*

Joey:   *Weißt du, Papa hat eigentlich nur so getan, als ob er
schläft. Da haben wir dann alle auf dem Bett »wir sind
im selben Boot« gespielt.*

D. S.:   *Wie geht denn das Spiel?*

Joey:   *Wir leben auf unserem Schiff. Und ich habe beinahe
einen großen Fisch gefangen.*

D. S.:   *Oho!*

Joey:   *Ja – er hat unheimlich gezogen und ist weggeschwom-
men und wieder zurückgekommen. Ich habe ihn beinahe sehen können und gehört habe ich ihn auch.
Dann war er weg. Das ist ein ganz besonderer Fisch, so
ein... noch nie hat ihn jemand gefangen, höchstens
Papa einmal. Er heißt Strolch-Fisch. Ich glaube, er ist
rund. Und er kann auf dem Wasser hüpfen wie ein
Kiesel. Mein Freund Jo kann auch Steinchen hüpfen
lassen und Maria auch. Aber Anna nicht, die kann das
nicht. Ich lerne es gerade. Ich habe noch nie wirklich
einen Strolch-Fisch gesehen – weil er immer im letzten
Moment wegschwimmt. Darum weiß niemand, wie er
aussieht. Es ist aber ein ganz besonderer Fisch. Wir ha-*

ben deshalb dann doch keinen Fisch zum Frühstück
gegessen.
Aber manchmal schon.


## IN DER KÜCHE

### Joeys Tagebuch

In der Küche singen wir jetzt das Lied, das wir gestern abend
nicht gesungen haben, ((seine Töne sind in mir lebendig, sie
steigen auf und versinken wieder,)) während sie das Frühstück
macht.

Sie dreht mir den Rücken zu, deshalb sieht sie nichts. Sie
weiß nicht, daß ich weiß, wie man es macht. Ich gieß für sie die
Sahne in ihre Kaffeetasse. Jetzt dreht sie sich um und sieht, was
ich tue. Ihr Gesicht erstarrt. ((Ob der Wind erstirbt und die
Welt tot ist?))

Und dann fängt sie an zu lachen. Sie kommt zu mir und
nimmt mich in den Arm und schaut mir in die Augen. In ihren
Augen sehe ich ihre Überraschung. [Wenn sie mir in die Augen
schaut, wiederholt sie die Szene,] und ihr Staunen gelangt in
ihre Augen und breitet sich in einer zweiten Welle über ihr
Gesicht aus. ((Ich gerate tiefer hinein. Eine neue Strömung
brandet zur Oberfläche herauf. In ihren Augen ist sie sanfter,
viel sanfter.))

Sie lacht und zieht uns wieder in die Gegenwart zurück.
Und jetzt greife ich in die Zuckerdose und tue ihr ein Stück
Zucker in den Kaffee. Dann warte ich ein bißchen und tue
noch ein Stückchen hinein. Ich muß furchtbar lachen, weil ich
weiß, daß es so richtig ist – zwei Stücke Zucker.

Und sie lacht auch.

Und wir zwei lachen und lachen und hören gar nicht mehr
auf, ((Sich treiben lassen von der frischesten und köstlichsten
Brise.))

# Joeys Geschichte

D. S.: *Und was war dann?*

Joey: *Beim Frühstück haben wir gelacht und gelacht und nicht wieder aufgehört... das war so lustig. Wir haben so furchtbar gelacht, weil ich sie überrascht habe.*

D. S.: *So?*

Joey: *Ja – weißt Du, ich habe ein Stück Zucker in ihren Kaffee getan. Und dann habe ich noch ein Stück hineingetan. Und sie hat zugesehen. Und dann habe ich keines mehr hinein getan, weil zwei Stücke richtig sind. Und dann habe ich noch Sahne in ihren Kaffee gegossen – als sie mich nicht gesehen hat.*
*Und dann hat sie sich herumgedreht und alles war schon erledigt.*

D. S.: *Und wie ging es dann weiter?*

Joey: *Also... Wir haben das Gutenacht-Lied von gestern gesungen. Ja, sogar beim Frühstück... Soll ich es dir vorsingen?*

D. S.: *O ja.*

Joey: *Es geht so:*

> *In den vier Ecken meines Bettes*
> *steh'n vier Blumensträuße.*
>
> *In der Mitte meines Bettes*
> *ist der Fluß so tief.*
>
> *Alle Pferde des Königs*
> *könnten dort zusammen trinken.*
>
> *Und wir könnten dort schlafen,*
> *ja, wir könnten dort schlafen,*
> *bis ans Ende der Welt.*

D. S.: *Ein schönes Lied!*

Joey: *Ja, nicht?*

D. S.: *Und du singst das jeden Abend?*

*Joey:* Ja, wir beide – *Mami und ich. Gestern abend haben
wir es nicht gesungen.*
*D. S.:* So? *Und was geschah dann?*
*Joey:* Dann... *dann ist jetzt. Und jetzt rede ich mit dir.*

Auf den ersten Blick wirken Joeys Tagebuch-Eintragungen
(seine erlebte Wirklichkeit) und die Geschichte, die er mir
erzählt (seine erzählte Wirklichkeit) wie zwei verschiedene
Versionen derselben Lebensereignisse. Sie unterscheiden sich
jedoch wesentlich in ihrem Inhalt, denn Joey erlebt und gestaltet zwei verschiedene Wirklichkeiten, von denen jede eine
andere Funktion hat.

Die erlebte Wirklichkeit ist der gegenwärtige Augenblick,
wie er sich in der Zeit vorwärtsbewegt, aber ähnlich einem
verfilmten Traum nie festgehalten werden kann. Dieser an
Empfindungen, Wahrnehmungen, Gefühlen, Gedanken und
Handlungen so unermeßlich reiche Augenblick wird in dem
Moment strukturiert, in dem er durchlebt wird. Unser Geist
überwindet Raum- und Zeitschranken mühelos mit großer
Geschwindigkeit und blendet Erinnerungen ebenso rasch ein
und aus wie Phantasien. Das meiste, was wir erleben, ereignet
sich simultan: Wir spüren und empfinden im gleichen Augenblick während wir wahrnehmen, handeln, denken. Auch gibt
es in unserem Erlebnisstrom keinerlei Unterbrechungen, deshalb scheint es, als nähmen wir an unablässigen Vorstellungen
teil, die auf den parallelen Bühnen unserer fünf Sinne ablaufen. Ein Chaos entsteht nur deshalb nicht, weil unsere Aufmerksamkeit und unser Bewußtsein ständig unsere fortlaufen-
den Erfahrungen filtern und strukturieren, so daß wir eher
das Gefühl haben, uns auf einer einzigen Schmalspur zu
bewegen, als auf fünf oder mehr parallelen Strängen. Entsprechend erscheint uns das Leben nicht so sehr als zusammen-
hangloses Springen von Bühne zu Bühne oder als Kakopho-
nie gleichzeitiger Erfahrungen, sondern als im wesentlichen
linearer, relativ kontinuierlicher und zeitlich zusammenhän-
gender Ablauf.

Solche geistigen Prozesse wirken in Joeys Erfahrungswelt sinnstiftend und verbindend. Anfangs scheint er ja von einem Ereignis zum anderen zu springen. In seinem Zimmer wandert er vom Sonnenstrahl zum Löwen an der Wand, dann zu seiner Mutter, wie sie den Löwen imitiert. Danach geht es um den Tanz des Sonnenlichtes an der Wand und später wieder um die Imitation seiner Mutter. Dann streift Joey das Thema »Löwe« ganz allgemein, kommt aber gleich zum gestrigen Vorfall, bei dem er das kleine Mädchen geschlagen hatte und in sein Zimmer geschickt worden war. Danach folgt ein Schwenk zu älteren Erinnerungs-Bruchstücken, diesen noch einmal der gestrige Zwischenfall, und dann blendet Joey wieder zurück zum Sonnenstrahl und zum Löwen.

Das Durcheinander ist jedoch nicht so groß, wie es auf den ersten Blick erscheint. Der emotionale Zusammenhang zwischen den Ereignissen, der sowohl den Filterungs- als auch den im jeweils durchlebten Augenblick stattfindenden Strukturierungsprozeß steuert, besteht nämlich aus mehreren Themen, die im Moment gerade im Vordergrund stehen. Diese Themen – Aggression/Wut, Alleinsein/Traurigkeit und Versöhnung – wurden durch die dramatischen Ereignisse des gestrigen Tages mobilisiert, als er Tina geschlagen hatte und deshalb in sein Zimmer geschickt worden war. Durch diese brandaktuellen Themen werden ganz bestimmte Erfahrungen der Gegenwart und Vergangenheit ausgewählt, aus ihnen wiederum entstehen Phantasie-Erlebnisse (welche mit den ursprünglichen Erfahrungen in Zusammenhang stehen). Schließlich wird alles zusammen in einer bestimmten Reihenfolge angeordnet, deren Logik ganz den ursprünglichen Themen folgt.

Joey beginnt hier mit der Betrachtung des Sonnenstrahls. Sie führt ihn zu anderen Erfahrungen, welche er ab seiner sechsten Lebenswoche viele Male mit dem Sonnenlicht gemacht hat (Abschnitt 1). Seine Assoziationen wandern dann zum Löwen in seinem Bilderbuch, wobei der direkte Auslöser für diese Verknüpfung offensichtlich in der Gleichfarbigkeit von Sonnenstrahl und Löwe zu suchen ist. Zum Erlebnis mit dem Sonnenstrahl gehört zudem die ansteigende Erregung, die er selbst regulieren muß. Zum Teil ist es gerade der Umgang mit den eigenen Gefühlen, der Joey im Zusammenhang mit seiner Wut und seiner Traurigkeit Probleme bereitet. Der Löwe wird nun zum Statthalter dafür. Nun ist der Löwe allerdings noch nicht auf die Verkörperung des Themas festgelegt, denn es ist noch in der Entstehung begriffen und nimmt erst allmählich Gestalt an.

Joey geht nun zum Löwen in seinem Bilderbuch über, ruft in sich dessen Bild wach und konzentriert sich schließlich auf sein Gebiß (das Thema »Aggression« nimmt damit Gestalt an). Er erinnert sich, wie seine Mutter den Löwen imitiert und »beobachtet« in der Phantasie, was sie tut. Als er sich ihre verhaltenen Bewegungen ausmalt, weckt das seine frühesten, doch immer wieder neu belebten Erinnerungen an den langsamen Tanz des Sonnenlichtes an seiner Wand, welche ja gerade zuvor schon aktiviert wurden. Danach greift er wieder das Bild seiner Mutter auf, wie sie den Löwen nachahmt, wobei aufgrund der ausgesprochen sanftmütigen Verspieltheit dieses Löwen das Aggressionsthema offenkundig verblaßt. Wenn Joey nun zu sich selbst sagt, daß seine Mutter nicht wirklich ein Löwe ist, läßt er dieses Thema nicht nur wieder erstehen, sondern unterstreicht die Wildheit des Löwen dadurch, daß alle Tiere Angst vor ihm haben, weil er so stark ist. Jetzt wird deutlich, daß es bei diesem Thema eigentlich um den konkreten Kontext, die Motive und zurückgestauten Gefühle des gestrigen Abends geht. Joey erlebt noch einmal die Szene, in der er das kleine Mädchen schlug und dann das Gefühl hatte, von den Erwachsenen als Bösewicht angesehen zu werden. Wieder empfindet er die Gefühle der Fremdheit und der Scham, nachdem er in sein Zimmer geschickt worden war, dort Krach schlug und laut sang, um so seine Wut auszudrükken und sich selbst zu trösten.

Seine Musik ruft ein weiteres Erfahrungsmuster aus seiner ganz frühen Kindheit wach: das Gefühl, im Bett zu liegen und von da aus die Welt nur zu betrachten (Abschnitt 2). Möglicherweise wird diese Assoziation vom Nacherleben des gestrigen Stubenarrests ausgelöst, bei dem er, nachdem er plötzlich vom Handlungsschauplatz entfernt worden war, die mit einem Male völlig menschenleere Welt nur noch als passiver Beobachter erleben durfte. Die Szene der gestrigen Vorfälle greift Joey übrigens genau an dem Zeitpunkt auf, als er in sein Zimmer geschickt wird und wie ein Orkan wutentbrannt seine Spielsachen herumschleudert. Das aktiviert nun ein weiteres Element seiner Vergangenheit, das in anderen Erinnerungen wie dem Hungersturm (Abschnitt 3), ebenfalls noch lebendig ist. Aber nicht der Hunger selbst ist hier der eindrucksvollste Teil seiner Erfahrung, sondern das durch ihn entstandene Unbehagen und die pulsierenden Wellen des Explodierens und Hinausgeworfen-Werdens und des In-sich-Zusammenbrechens. Auch seine Wut folgt diesem Rhythmus: Sie explodiert und wird in Wellen hinausgeworfen. Nach einem Moment der Stille stürzen Wogen von Einsamkeit und Traurigkeit über ihm zusammen und füllen ihn ganz aus. Sie verwandeln sich erneut in Wellen von Wut, die sich so auftürmen, daß sie wieder explosionsartig hinausgeworfen werden, bis sie durch Traurigkeit ersetzt werden. Das Nacherleben aktiviert um so mächtiger die Themen »Einsamkeit« und »Traurigkeit«, die er aber inzwischen nach der Besinnung auf die gestrigen Ereignisse zuordnen kann. Sind diese Themen erst einmal an das Tageslicht gekommen, kehrt Joey zur Gegenwart zurück. Er beginnt seine Traurigkeit zu bewältigen, indem er sie dem Löwen zuschreibt und dann versucht, das arme Tier zu trösten. Dabei setzt er Künste ein, die er von seiner Mutter kennt, wobei er ihre Rolle als Trösterin einnimmt. In der Identifikation mit ihr kann er sowohl für sich selbst als auch für andere Mitgefühl empfinden.

Joeys Erfahrungswelt ist also alles andere als chaotisch. Unablässig trifft er eine Selektion aus Lebensereignissen, mit denen er sich gerade auseinanderzusetzen hat, und strukturiert und ordnet so ständig seine Wirklichkeit. Das Leben selbst tischt ihm ununterbrochen neue Überraschungen auf, und Joey bearbeitet darum nicht nur die gerade aktivierten Themen, sondern entwirft auch ständig neue. Seine gelebte Erfahrung wird nicht nur von passiven Themen geprägt, sondern sucht zugleich nach Themen. Beides bildet Joeys fortlaufende Erfahrung. Bevor diese endgültig zu einer Erzählversion wird, hat er darum längst eine sorgfältige Auswahl getroffen und Zusammenhänge hergestellt.

Joeys erzählte Welt ist nichts anderes als eine rekonstruierte Erfahrungswelt, die ebenfalls in sich bereits ein Konstrukt ist. Diese Nacherzählung muß viele Dinge zugleich leisten. Zunächst bildet sie eine Wirklichkeit ab, die von einer Person außerhalb des Geschehens gesehen werden soll. Sie ist auf die Weitergabe an andere angelegt. Anders die Erfahrungswelt, die innen erlebt wird und niemanden außer uns selbst betrifft. Joeys erste Aufgabe bei der Rekonstruktion der Ereignisse besteht deshalb darin, zur Ausgestaltung der Erzählwelt seine Erfahrungswelt quasi von innen nach außen zu stülpen. Dazu setzt er erlebte Wahrnehmungen, Gefühle und psychische Zustände in äußere Handlungen und Ereignisse um, die sich dann vor den Augen seiner Zuhörer sozusagen auf der offenen Bühne seiner Erzählwelt abspielen können. Wenn Kinder autobiographische Berichte zu erzählen beginnen, verwenden sie wie Joey meist Tätigkeitsworte wie »spielen«, »verstecken«, »bewegen«, »tanzen und singen«, und andere, die sich kaum auf Gefühlszustände beziehen. Auch in Joeys Geschichte ist nur einmal von einem Gefühl die Rede, nämlich von der »Einsamkeit« des Löwen. Die erlebte Welt ist dagegen reich an Gefühlen: Der Sonnenstrahl »fühlt sich gut an«, seine Mutter ist »stolz«, Tiere haben »Angst«, und was der Empfindungen mehr sind.

Joeys nächste größere Aufgabe bei der Rekonstruktion ist der dramatische Aufbau seiner Geschichte. Hier geht es vor allem um die Auswahl und Straffung der zentralen Themen, wobei er weder in Peinlichkeiten abrutschen, noch allzu viele intime Details in der Öffentlichkeit ausbreiten darf. Für diese delikate Aufgabe ist der Löwe geradezu der ideale Protagonist. Weil er Joey in der erzählten Wirklichkeit repräsentiert, durchdringen ihn nicht nur dessen Wünsche nach Macht und Stärke, sondern auch Joeys Befürchtungen, er könnte allzu bedrohlich und gewalttätig sein. Der Löwe begeht die Tat, die Joey bedrückt: Er kämpft. Und er wird genauso wie dieser bestraft: So wie Joey in sein Zimmer verbannt wird, muß der Löwe in seinem Käfig bleiben. Dort im Käfig fühlt sich der Löwe genau wie Joey einsam und wütet wie »der große Sturm«. Auch weiß Joey, daß seine Aggressivität von seinen Eltern nicht gutgeheißen wird, daß er sie hinter Gittern unter Verschluß halten muß. Er hat bereits gelernt, daß man manche Erfahrungen besser nicht mit anderen teilt – zumindest nicht mit seinen Eltern. Erinnern wir uns beispielsweise an das mißglückte Erlebnis mit dem Sonnenstrahl, als er zwanzig Monate alt war. (Abschnitt 10). Damals war er ganz in seine vorsprachlichen Empfindungen und Wahrnehmungen des Lichtstreifens eingetaucht. Als er ihn gerade mit dem Gesicht berühren wollte, hielt ihn der (unabsichtlich) schroffe Ton seiner erschrockenen und angewiderten Mutter davon ab. Dieser Vorgang hatte vorübergehend seine ganze vorsprachliche Welt in Trümmer gelegt, und er begann zu begreifen, daß die Wahrung, vielleicht sogar sorgfältige Pflege einer eigenen Welt notwendig und lohnenswert sein könnte. Vermutlich ist diese frühe Erkenntnis auch der Grund, warum der Löwe nicht singt, wenn seine Eltern ins Zimmer kommen, und warum ihn außer Joey niemand sehen kann.

Der Löwe erfüllt aber noch eine andere Funktion. Er ist ein Übergangsobjekt, das bei dem in seinem Zimmer allein gelassenen Joey bleibt und mit ihm spielt, um seine Einsamkeit erträglicher zu gestalten. In seiner Geschichte ist Joey allerdings Kamerad und Beobachter des Löwen, wobei diese beruhigende Funktion nicht nur eine größere Distanz von seiner Einsamkeit erlaubt, sondern zugleich auch eine gewisse Kontrolle über sie bedeutet.

Diese Verkleidung ist nicht nur schön, sondern auch äu-

ßerst praktisch. Joey drückt sich ja nicht nur selbst in dem
Löwen aus, sondern kann auch – weil dieser schließlich nicht
»wirklich« existiert – für dessen Gedanken und Handlungen
nicht zur Verantwortung gezogen werden. Joey gelingt also
in seiner Geschichte ein doppelter Zaubertrick: Als erstes erschafft er den »Phantasie«-Löwen und rückt ihn ins Schein-
werferlicht des Geschehens. Zweitens stattet er diesen heimlich (sogar er selbst merkt nichts davon) mit seinen eigenen
Eigenschaften aus. Dadurch übernimmt er in seiner Geschichte eine Doppel-Rolle, die des Löwen und seine eigene.
Das Ereignis ist eine völlig neue Struktur, für die seine Erfahrungswelt in eine literarische Wirklichkeit umgewandelt
wurde.

Joeys Geschichte vom Strolch-Fisch ist ein gutes Beispiel
für diesen Transformationsprozeß. Dieser Strolch-Fisch ist
nämlich irgendwie seltsam, wobei die kühne Kombination
von Strolch und Fisch nur einen Teil seiner Merkwürdigkeit
ausmacht. Es handelt sich hier ganz deutlich um eine magische Figur, denn der Fisch ist nie zu sehen, geschweige denn
zu fangen. Zwar schwimmt er wie ein wirklicher Fisch, kann
aber zusätzlich noch auf der Wasseroberfläche hüpfen. Außerdem stehen Joey (der gerade lernt, Kiesel hüpfen zu lassen
und beinahe den Fisch gefangen hätte) und er irgendwie miteinander in Verbindung, und auch sein Vater (der so einen
Fisch »vielleicht schon einmal gefangen hat«) spielt dabei eine
Rolle. Weil sich dieser Fisch nicht fangen läßt, kann er auch
nicht aus der Nähe betrachtet, klassifiziert und restlos identifiziert werden. Was ist der Sinn all dieser magischen Mehrdeu-
tigkeit? Nun – Joey erzählt auf diese Weise seine Geschichte,
die seines Vaters und die ihrer gemeinsamen Sprache, so gut
man sie überhaupt in Sprache umsetzen kann.

In der ursprünglichen »Strolch«-Episode (Abschnitt 9),
spricht Joey im Alter von zwanzig Monaten zum erstenmal
seinen väterlichen Kosenamen aus. Mit »Ich Strolch« verbindet er in diesem Augenblick zwei unterschiedliche Elemente:
zum einen, wie ihn sein Vater sieht und empfindet, und zwei-

tens, wie er selbst diese Sicht von seiner Person erlebt. Diese Verknüpfung geschieht geradezu magisch und ist der Beginn eines langwierigen Entwicklungsprozesses. Joeys Vater empfindet seinen Sohn als einzigartig und liebenswert und Joey möchte genauso werden, wie ihn Vater und Mutter sehen. Hier erleben wir einen der mächtigsten Einflüsse auf die kindliche Entwicklung, denn Joeys Eltern lieben ihn nicht nur, wie er ist, sondern auch, wie er einmal war, und was er in Zukunft zu werden verspricht, und Joey beginnt darum nun selbst, diese drei unterschiedlichen Sichtweisen seiner selbst zu akzeptieren. Das Außergewöhnliche dieses Eltern-Kind-Geschehens ist, daß Joey nicht nur geliebt wird, so wie er ist, sondern sogar so, wie er noch gar nicht ist. Und auch Joey selbst akzeptiert sich bereits so, wie er ist, und so, wie er zwar noch nicht ist, aber eines Tages werden wird. Hier sehen wir nun endlich die magische Beschaffenheit unseres Fisches, der – obgleich er ein Fisch ist – andererseits wieder kein Fisch ist. Aber danach streben wir, auch wenn er unerreichbar ist. Könnte der Fisch auch nur für einen Moment gefangen werden, dann würde er trotzdem sofort wieder entwischen, weil man ihn eben nicht festhalten kann. Das ist genau der Schnittpunkt, an dem sich Gegenwart und Zukunft im Vorwärtseilen kreuzen. An diesem Punkt werden wir wir selbst.

Erinnern wir uns, daß Joey gestern einen schlimmen Tag hatte. Er hatte ein kleines Mädchen geschlagen, wurde dafür bestraft und war unglücklich. Die Spannungen mit seinen Eltern waren zwar schon fast ganz beigelegt, als sie ihn gestern abend ins Bett brachten, aber ihr Verhältnis ist noch nicht wieder so unbeschwert wie sonst. Dies bildet den Rahmen, in dem sich die Geschichte vom »Strolch-Fisch« entwickelt. Das eigentliche Thema ist Joeys Wunsch nach wirklicher Versöhnung mit seinen Eltern. Indem er seine Geschichte flicht, rückt Joey nämlich gleichzeitig wieder näher mit seinem Vater zusammen. Sowohl in der »Ich Strolch«-Episode als auch in der Strolch-Fisch-Geschichte genießen

Joey und sein Vater ihre Zweisamkeit mit Hilfe der Sprache. Dies ist sowohl der Kern der ursprünglichen Erfahrung als auch die Funktion der aus ihr entstandenen Geschichte.

Der dritte Teil der morgendlichen Geschichte, in dem wir Joey in der Küche mit seiner Mutter erleben, eröffnet uns weitere faszinierende Einblicke in die kindliche Erzählweise. Eine Geschichte muß Anfang, Mitte und Ende haben. Im »wirklichen Leben« wie in der Erfahrungswelt erwarten wir stets eine Reihenfolge der Ereignisse, die deren tatsächlichem Ablauf entspricht. In dem Abschnitt über Joeys Erfahrungswelt sehen wir die »wirkliche« Reihenfolge, aber in seiner nacherzählten Version, die er mir berichtet, hat er diese Ordnung praktisch völlig umgekehrt.

Sehen wir uns also die beiden Ereignisketten in der Reihenfolge an, wie sie in Joeys zwei verschiedenen Wirklichkeiten auftauchen:

| *Joeys Erfahrungswelt* | *Joeys Erzählte Welt* |
| --- | --- |
| Sie singen das Lied. | Sie lachen zusammen. |
| Joey gießt ihr Sahne in den Kaffee. | Joey überrascht sie. |
| Sie dreht sich um und sieht ihn. | Joey tut zwei Stücke Zucker in ihre Tasse. |
| Sie bricht in Lachen aus. | Joey gießt die Sahne in ihren Kaffee. |
| Joey tut zwei Stücke Zucker in ihre Tasse. | Sie dreht sich um und sieht ihn. |
| Sie lachen zusammen. | Sie singen das Lied. |

Obwohl Joey mit der Reihenfolge der Ereignisse sehr großzügig verfährt, ist die Handlung praktisch die gleiche. Er vertauscht lediglich Anfang und Ende und kehrt auch in der Mitte einige Elemente um.

Wie in der klassischen griechischen Tragödie oder bei Shakespeare steigt die Spannung dramatisch bis zu einem Höhepunkt an: als seine Mutter merkt, daß er ihr Sahne in den Kaffee gegossen hat, und überrascht »in Lachen« ausbricht. Nach diesem Höhepunkt flacht die Spannungskurve ab, um erneut zu einem zweiten, wenn auch weniger bedeutsamen Gipfel anzuschwellen: Joeys Mutter erkennt, daß ihr Sohn weiß, daß sie zwei Stücke Zucker in ihrem Kaffee haben möchte.

Wenn vierjährige Kinder anfangen, autobiographische Geschichten zu erzählen, dann verwenden sie klassische Erzählmuster seltener als ältere Kinder oder Erwachsene. Statt dessen ziehen sie Erzählungen im Stil von Edgar Allan Poe oder Guy de Maupassant vor, bei denen die Spannung allmählich aufgebaut wird und erst am Schluß ihren Höhepunkt erreicht, oder bereits am Anfang kulminiert und anschließend um die entsprechenden Einzelheiten ergänzt wird. Diese Erzählversion wählt Joey für das Geschehen in der Küche, denn der Anfang ist bereits hochdramatisch: »Beim Frühstück haben wir gelacht und gelacht und nicht aufgehört... das war so lustig, weil ich sie überrascht habe.« Erst danach folgen die Einzelheiten des Geschehens und erklären, was so lustig war und den Ausbruch vorbereitete.

Die Geschichte ist jedoch mit der Ergänzung durch die entsprechende Handlung noch nicht zu Ende, denn da ist auf einmal das Lied, das zwar wie ein nachträglicher Zusatz erscheint, aber von unerhört dramatischer Kraft ist. Warum das Lied? Und warum wird es auf diese Weise in die Geschichte aufgenommen? Um diese Frage zu beantworten, muß ich wieder auf die Themen zurückkommen, auf denen Joeys Geschichte vermutlich basiert.

Nach dem Vorfall von gestern abend wünscht sich Joey ja sehnlichst die Versöhnung mit Vater und Mutter, und so handelt seine Geschichte eigentlich davon, daß seine Mutter und er wieder zueinanderfinden. Das Lied ist sein Schlaflied, das sie jeden Abend gemeinsam singen, bevor er zu Bett geht. Schlaflieder sind mächtige Bindungsrituale, denn sie werden dem Kind von den Eltern in die Einsamkeit der dunklen Nacht mit auf den Weg gegeben.

Gestern abend haben sie in der Aufregung das Lied nicht miteinander gesungen. Heute morgen knüpfen Joey und seine Mutter das zerrissene Band ihres Rituals wieder zusammen. Wenn sie beim Frühstück gemeinsam das Schlaflied singen, versöhnen sie sich endgültig und stellen so ihr normales gegenseitiges Verhältnis wieder her. Der Höhepunkt der Geschichte steht wahrscheinlich deshalb bereits am Anfang, weil ja in der Realität das gemeinsame Singen tatsächlich vor dem überraschten Lachen über Zucker und Sahne stattfindet. Was Joey emotional am meisten bewegt – das gemeinsame Singen – geschieht also wirklich zuerst. Es ist der eigentliche Höhepunkt, denn es bedeutet, daß Joey und seine Mutter wieder miteinander vereint sind. Alles, was danach geschieht – das vergnügliche Zwischenspiel mit dem Kaffee – wiederholt im Grunde nur das Thema dieser Versöhnung etwas weniger spannend und dramatisch und in gelösterer Stimmung. Erst das gemeinsame Lied, beziehungsweise das, wofür es steht, schafft die Voraussetzung dafür, daß die beiden jetzt unbeschwert miteinander Spaß haben können.

In seiner Geschichte verschiebt Joey den früheren Höhepunkt vom Singen zur Sahne im Kaffee. Das ist zwar im Hinblick auf die Ereigniskette zeitlich falsch, aber absolut richtig, was den dramatischen und emotionalen Ablauf betrifft. Wenn er das Lied später in die Geschichte einfügt und dabei anbietet, es vorzusingen, dann erzeugt er damit einen zweiten dramatischen Höhepunkt am Schluß der Geschichte. Weil er das Lied am Anfang der Geschichte durch etwas anderes ersetzt, spart er es für den Schluß auf. Es war für ihn so beeindruckend, daß es nicht einfach wegfallen konnte.

Bei dem Lied handelt es sich um ein altes französisches Liebeslied, das in bezaubernd geheimnisvollen Bildern von der

Innigkeit des nahen Beieinanderseins erzählt. Es ist schon viele Jahrhunderte alt und hat in dieser Zeit die Lebensgeschichten unzähliger Menschen begleitet. Wie sie hat nun auch Joey einen Schlüssel zu seinem kulturellen Erbe in der Hand. Er kann diese prachtvollen Fäden aufnehmen und sie mit seiner Lebensgeschichte verweben. Seine neuerworbene Fähigkeit des Geschichtenerzählens bringt ihn auf eine Weise mit seiner eigenen Kultur in Kontakt, die ihm vorher verschlossen war. Diese nahe Begegnung, in der er die Kultur zugleich zu einem Teil seiner selbst macht und selbst Teil von ihr wird, macht aus Joey einen unter ihren abertausenden Trägern.

Zuletzt schließt Joey seine Geschichte mit den Worten: »Und dann... und dann ist jetzt. Und ich rede mit dir«, mit der er eine klare Grenze setzt und mir zeigt, daß seine Geschichte nun zu Ende ist. Indem er sich von den berichteten Geschehnissen löst, kehrt er zur unmittelbaren Gegenwart zurück und möchte, daß ich mitkomme. Er gibt mir zu verstehen, daß die Vergangenheit nunmehr die Gegenwart eingeholt hat. Joey kann also nicht nur eine Geschichte erzählen, sondern ist sich auch bewußt, daß die erzählten Ereignisse in einer anderen Zeit (der Vergangenheit) und in einem anderen zwischenmenschlichen Bereich stattfinden, den man unter wechselseitig anerkannten Regeln und Übereinkünften betritt und wieder verläßt. Aus ihm wird nun ein wahrer Geschichtenerzähler, und er erzählt seine Lebensgeschichte. Damit hält er nun die Macht in Händen, sein eigenes Leben selbst zu deuten oder auch umzudeuten, und weil er damit gleichzeitig Macht über seine Vergangenheit hat, hat er auch seine Gegenwart und Zukunft besser im Griff.

Und damit hat er auch die Macht, nun sein Tagebuch selbst zu formulieren, wenn auch zu diesem Zeitpunkt noch in mündlicher Form. Dazu braucht er mich nun nicht mehr als Dolmetscher, und ich kann ihn jetzt sich selbst überlassen. Von jetzt an wendet sich Joey direkt an Sie.

# Ausgewählte Bibliographie

Da dieses Buch keine explizit wissenschaftliche Absicht verfolgt, ist eine umfassende Bibliographie von Büchern und Artikeln aus dem ungemein großen Fachgebiet der frühen Kindheit hier nicht angebracht. Eine große Zahl wissenschaftlicher Forschungsbeiträge zu Joeys Tagebuch werden aus diesem Grund an dieser Stelle nicht namentlich erwähnt. Weil es aber andererseits an geeigneter Literatur für eine allgemein interessierte Leserschaft fehlt, habe ich mich für eine Kompromißlösung entschieden und eine Auswahl sehr unterschiedlicher Bücher getroffen: Manche stammen aus der Feder eines einzigen Autors, andere wurden gemeinsam herausgegeben. Während zahlreiche Titel ein großes Spektrum des Fachgebiets abdecken, setzen sich andere mit sehr spezifischen Teilbereichen auseinander.

Ich hoffe, daß die nun folgenden Buchtitel, die in der Reihenfolge der im jeweiligen Tagebuch-Abschnitt behandelten Themen erscheinen, denjenigen Lesern erste Anregungen vermitteln können, die an einer Vertiefung ihres Wissens über die frühe Kindheit interessiert sind. Vielleicht ermöglichen sie ihnen, das von mir erfundene Tagebuch in Frage zu stellen und zu korrigieren. Eventuell entwerfen sie dann für das Baby oder für andere, die sie persönlich kennen, ein noch besseres Tagebuch.

*Einführung*

In diesem Kapitel streife ich die Umwälzungen innerhalb der Entwicklungspsychologie und versuche zu beschreiben, wie wir Forschung betreiben und zu unseren Annahmen über die Fähigkeiten und das Wissen von Babys kommen. Folgende Bücher (vor allem die jeweiligen Kapitel über die frühe Kindheit) vermitteln eine Übersicht:

1. Mussen, Paul: Einführung in die Entwicklungspsychologie, 8. Aufl., Weinheim–München 1986, Juventa-Verlag
2. Mussen, Paul und Jerome Kagan: Lehrbuch der Kinderpsychologie, Stuttgart 1976, Klett-Verlag
3. W. Kessen (Hrsg.): Mussen's Handbook of Child Psychology, Bd. 1, New York 1983, John Wiley

Diese Standardtexte der Entwicklungspsychologie stecken das wissenschaftliche Feld ab und geben einen ersten Einblick in die Forschung und ihre enormen Umwälzungen.

Ich habe vor allem deshalb ein »autobiographisches« Tagebuch geschrieben, weil ich das Bedürfnis vieler Eltern und anderer Erwachsener kenne, das Innenleben des Babys nachzuvollziehen. Folgendes Buch vermittelt eine anschauliche Erörterung aus klinisch-psychoanalytischer Sicht:

4. Winnicott, D: Vom Spiel zur Kreativität, Stuttgart 1973, Klett-Verlag

Das Gedächtnis ist eines der drei allgemeinen, übergreifenden Themen, die in jedem Abschnitt des Tagebuchs eine Rolle spielen. Hier sind einige äußerst wertvolle Beiträge zur kindlichen Gedächtnisleistung, die mich sehr beeinflußt haben:

5. Moscovitch, M. (Hrsg.): Infant Memory, New York 1984, Plenum Press
6. Tulving, E. und Donaldson, W.: (Hrsg.): Organization of Memory, New York 1972, Academic Press

Ein anderes Thema, das das ganze Tagebuch durchzieht, ist die kindliche Fähigkeit zur Kategorisierung, Darstellung und Strukturierung von Erfahrungen. Hierzu möchte ich vor allem auf die klassischen Arbeiten von Jean Piaget verweisen.

## I. Die Welt der Gefühle

Das Thema der Emotionen in der frühen Kindheit erfährt zunehmendes Interesse. Wichtige Orientierungshilfen vermitteln:

1. Lewis, M. und Rosenblum, L. (Hrsg.): The Development of Affect, New York 1978, Plenum Press
2. Lewis, M. und Rosenblum, L. (Hrsg.): The Origins of Fear, New York 1974, John Wiley
3. Dunn, J.: Distress and Comfort, Cambridge 1976, Harvard University Press

Mein größtes Interesse fanden die beiden theoretischen Arbeiten:

4. Tomkins, S.: Affect, Imagery and Consciousness, Bd. I, The Positive Affects, New York 1962, Springer
5. Langer, S.: Mind: An Essay on Human Feeling, Bd. I, Baltimore 1967, John Hopkins University Press

In diesem Kapitel geht es unter anderem auch darum, wie Babys sehen und Objekte im Raum wahrnehmen. Erste Einblicke in den Themenkreis liefert:

6. Cohen, L. B. und Saltpatek, P. (Hrsg.), Infant Perception: From Sensation to Cognition, Bd. II, New York 1976, Academic Press

## II. Die Welt der direkten Kontakte

In den nun folgenden Büchern geht es zum einen um die menschliche Person in ihrer Eigenschaft als »Gegenstand des Interesses« für das Baby, und zum andern um den frühen

Kontakt zwischen dem Kind und diesem besonderen sozialen »Objekt«. Folgende Beiträge vermitteln zum Teil faszinierende Einblicke in dieses Thema:

1. Lewis, M. und Rosenblum, L. (Hrsg.): The Effect of the Infant on its Caregiver, New York 1974, John Wiley
2. Stern, Daniel: Mutter und Kind. Die erste Beziehung, Stuttgart 1979, Klett Cotta
3. Schaffer, H. R. (Hrsg.): Studies in Mother-Infant Interaction, New York 1977, Academic Press
4. Thoman, E. (Hrsg.): Origins of the Infant's Social Responsiveness, Hillsdale, N. J. 1978, Lawrence Erlbaum
5. Bullowa, M. M. (Hrsg.): Before Speech: The Beginning of Interpersonal Communication, New York 1979, Cambridge University Press
6. Tronick, E. (Hrsg.): Social Interchange in Infancy, Baltimore 1982, University Park Press
7. Field, T. und Fox, N. (Hrsg.): Social Perceptions in Infants, Norwood, N. J. 1986, Ablex


*III. Die Welt der Gedanken*

Bindung und Intersubjektivität sind die beiden wesentlichen Themenbereiche dieses Kapitels. Grundlegende Aspekte zum Thema Bindung finden sich in:

1. Bowlby, John: Bindung. Eine Analyse der Mutter-Kind-Beziehung, München 1975, Kindler
2. Ainsworth, M. D. S., Blehar, M. C., Waters, E. und Wall, S.: Patterns of Attachment, Hillsdale, N. J. 1978, Lawrence Erlbaum
3. Ainsworth, M. D. S., Salter, M. D. und Bowlby, J.: Mutterliebe und kindliche Entwicklung, München, Basel 1972, Reinhard

Etwas neueren Datums ist

4. Bretherton, I., und Waters E.: Growing Points of Attachment Theory and Research. Monographs of the Society for

Research in Child Development, Chicago 1986, University of Chicago Press.

Zur Intersubjektivität bei Kindern bieten folgende Beiträge erste Denkanstöße:
5. Lamb, Michael E.:
   - The father's role
   - Infant-mother-attachment. The origins and developmental significance of individual differences in strange situation behaviour
   - Nontraditional families parenting and child development
   - Sibling relationships, their nature and significance across the lifespan.
   Hrsg. von M. E. Lamb, Hillsdale, N. J. 1982 u. a. Erlbaum
6. Stern, Daniel: The Interpersonal World of the Infant: A View from Psychoanalysis and Developmental Psychology, New York 1985, Basic Books
7. Lock, A. (Hrsg.): Action, Gesture and Symbol, London 1978, Academic Press
8. Mischel, T. (Hrsg.): Understanding Other Persons, Oxford 1974, Blackwell
9. Sameroff, A. J. (Hrsg.): Early development of children at risk for emotional disorder, Sameroff, A. J., Seifer, R. und Zax, Melvin, Chicago, Ill. 1982, University of Chicago Press

*IV. Die Welt der Wörter*

Die beiden Abschnitte dieses Kapitels behandeln sowohl den Spracherwerb als auch den Einfluß, den die Sprache auf die Erfahrung des Kindes und seine Fähigkeit zur Selbstreflexion hat. Zu einem Einstieg in das Thema der Selbstreflexion verhelfen folgende Titel:
   1. Lewis, M. und Brooks-Gunn, J.: Social Cognition and the Acquisition of Self, New York 1979, Plenum Press

2. Lewis, M. (Hrsg.): Beyond the Dyad, New York u. a. 1984, Plenum Press (Genesis of Behaviour)
3. Lewis, M. (Hrsg.): Children's Emotions and Moods: Development Theory and Measurement. Lewis, M. und Michalson, L., N. J. u. a. 1983, Plenum Press
4. Lewis, M. (Hrsg.): Dialoge: Übungsbuch zur Sprachfertigkeit und Konversation, Hill, J. und Lewis, M., München 1983, Hueber
5. Lewis, M. (Hrsg.): The Socialisation of Emotions, N. J. u.a. 1985, Plenum Press
6. Lewis, M. (Hrsg.): Infant Stress and Coping, San Francisco u. a. 1989, Jossey Bass
7. Lewis, M.: Learning disabilities and prenatal risks, Urbana u. a. 1986, University of Illinois Press
8. Lewis, M. (Hrsg.): Origins of Intelligence, Infancy and Early Childhood, N. J. u. a. 1983, Plenum Press
9. Kagan, Jerome: Die Natur des Kindes, München 1987, Piper
10. Kagan, Jerome (Hrsg.): The emergence of morality in young children, Chicago u. a. 1987, University of Chicago Press
11. Kagan, Jerome: The Second Year of Life: The Emergence of Self Awareness, Cambridge 1981, Harvard University Press.

In das Thema Spracherwerb und die daraus folgende Umstrukturierung der Wirklichkeit geben Einblick:
12. Bates, Elizabeth (Hrsg.): The Emergence of Symbols: Cognition and Communication in Infancy, New York 1979, Academic Press
13. Bates, Elizabeth (Hrsg.): From first words to grammar: individual differences and dissociable mechanisms; Bates, E., Bretherton, I. and Snyder, L. – 1. pupl., Cambridge u. a. 1988, Cambridge University Press
14. Bruner, Jérôme: Wie das Kind sprechen lernt, 1. Aufl., Bern u. a. 1987, Huber

15. Bruner, Jérôme (Hrsg.): Making sense – The child's construction of the world, 1. publ., London u. a. 1987, Methuen
16. Vygotskij, L. S.: Denken und Sprechen, Berlin 1964, Akademischer Verlag, und Frankfurt am Main 1969, Fischer

## V. Die Welt der Geschichten

Die wissenschaftliche Forschung ist auf dem Gebiet der kindlichen Erzählweise in vollem Gange. Zum entwicklungspsychologischen Aspekt dieses Themas vermitteln folgende Titel (in chronologischer Reihenfolge) wichtige Anhaltspunkte:

1. Chafe, Wallace: Evidentiality – The linguistic coding of epistemology, Norwood 1986, Ablex Publ. Corp.
2. Chafe, Wallace (Hrsg.): The Pear Stories, Norwood, N. J. 1980, Ablex
3. Peterson, C. und McCabe, A.: Developmental Psycholinguistics: Three Ways of Looking at a Child's Narrative, New York 1983, Plenum Press
4. Nelsen, K.: Event Knowledge: Structure and Function in Development, Hillsdale, N. J. 1986, Erlbaum
5. Bruner, Jérôme: Actual Minds, Possible Words, Cambridge 1986, Harvard University Press
6. Nelsen, K.: Making Sense: The Acquisition of Shared Meaning, Orlando u. a. 1985, Academic Press

# Danksagung

Die weitaus ergiebigste Quelle für dieses Buch waren meine eigenen Kinder Alice, Adrian, Kaia, Maria und Michael, die ich hier in aufsteigender Reihenfolge nenne, bei der Jüngsten beginnend, an die die Erinnerungen noch am lebendigsten sind. Michael, Maria und Kaia sind mittlerweile so erwachsen, daß sie das Manuskript gegenlesen konnten. Ihre Anmerkungen waren umso wertvoller für mich, als sie auf einen doppelten Fundus an eigenen Erfahrungen als auch an Erlebnissen mit mir als ihrem Vater zurückgreifen können.

So beruhen einige der in Joeys Tagebuch beschriebenen Situationen auf tatsächlichen Erlebnissen meiner eigenen Kinder. Was aber noch mehr zählt ist die Tatsache, daß sie mich bereits als Säuglinge auf die Idee brachten, meine Vermutungen und Phantasien über ihr Innenleben und ihre vermeintlichen Erfahrungen festzuhalten, auch wenn ich damals noch keine schriftlichen Aufzeichnungen darüber anfertigte. Weil ich meinen Kindern ein guter Vater sein wollte, zog ich dieses ungeschriebene Protokoll auch ständig zu Rate. So gesehen ist Joeys Tagebuch bereits das sechste, das ich mir ausdachte.

Die zweite, ebenso wichtige Materialquelle für dieses Tagebuch sind die Eltern und Kleinkinder, mit denen ich als Therapeut oder Wissenschaftler zusammenarbeiten konnte. Für ihren entscheidenden Beitrag möchte ich mich an dieser Stelle bedanken.

Das von der Forschung bisher zusammengetragene Wissen über die frühe Kindheit bildet sozusagen das Gerippe dieses

Buches. In der ausgewählten Bibliographie versuche ich all den Wissenschaftlern gerecht zu werden, deren Forschungsergebnisse auf diese Weise zu dem Buch beitrugen.

Wo es um den eigentlichen Prozeß des Schreibens geht, schulde ich Nadia Stern-Bruschweiler ganz besonderen Dank für ihre Unterstützung. Sie kennt das Buch vom ersten Satz an und sah es in nahezu jeder einzelnen Entstehungsphase. Als Mutter und als Kinderpsychiaterin inspirierte und ermutigte sie mich nicht nur, sondern regte auch notwendige Änderungen an. In der Endphase des Schreibens beriet mich Roanne Barnett mit großem Sachverstand, mit Kreativität und einem Blick für das Wesentliche.

Meine Herausgeberin bei Basic Books, Jo Ann Miller, halte ich inzwischen für eine Art von magischer Bücherfee. Als Joeys Tagebuch endgültig aus dem Bereich des Möglichen zu entschwinden drohte, war sie es, die im richtigen Moment doch noch für sein Erscheinen sorgte. Und meine Lektorin, Phoebe Hoss, erscheint mir wie eine Zauberfee im Umgang mit Wörtern und Sätzen. Mit einem einzigen Federstrich bringt sie verwaschene Aussagen auf den Punkt und erweckt tote Sätze buchstäblich zum Leben.

Hyma Schubert und Virginia Sofios gebührt mein Dank für die Abfassung dieses Manuskripts.

Meine Forschungsarbeit wurde in der Zeit, in der ich an diesem Buch schrieb, von folgenden Organisationen unterstützt: Warner Communications, Inc., Le Fonds National de Recherche Suisse, The MacArthur Foundation, und dem Sackler-Lefcourt Center for Child Development.

Genf im März 1990                                        Daniel N. Stern

# Das umfassende Handbuch

Schwangerschaft, Geburt und Säuglingspflege

Herausgegeben von Prof. Dr. med. Klemens Stehr und Prof. Dr. med. Norbert Lang.
Herausgeber der Originalausgabe: The Boston Children's Medical Center.
Überarbeitete und erweiterte Auflage. 600 Seiten mit 123 Abbildungen. Leinen

»Wer ein Baby erwartet, kann sich über einen Mangel an Informationsmöglichkeiten nicht beklagen. Aber ein umfassendes, ausführliches Handbuch, in dem die neuesten Erkenntnisse von Fachleuten zusammengefaßt sind und das trotzdem noch lesbar ist, hat bisher gefehlt.«

Brigitte